우리가 꼭 알아야 할

두 가지
과학 이야기

우주와 인류 진화의 비밀

우리가 꼭 알아야 할 두 가지 과학 이야기

발행일   2016년 07월 25일

지은이   김 종 일
펴낸이   손 형 국
펴낸곳   (주)북랩
편집인   선일영   편집   김향인, 권유선, 김예지, 김송이
디자인   이현수, 신혜림, 윤미리내, 임혜수   제작   박기성, 황동현, 구성우
마케팅   김회란, 박진관, 오선아
출판등록   2004. 12. 1(제2012-000051호)
주소   서울시 금천구 가산디지털 1로 168, 우림라이온스밸리 B동 B113, 114호
홈페이지   www.book.co.kr
전화번호   (02)2026-5777   팩스   (02)2026-5747

ISBN   979-11-5987-105-4 03300(종이책)   979-11-5987-106-1 05300(전자책)

이 도서의 국립중앙도서관 출판예정도서목록(CIP)은 서지정보유통지원시스템 홈페이지(http://seoji.nl.go.kr)와
국가자료공동목록시스템(http://www.nl.go.kr/kolisnet)에서 이용하실 수 있습니다.
(CIP제어번호: CIP2016017670)

성공한 사람들은 예외없이 기개가 남다르다고 합니다.
어려움에도 꺾이지 않았던 당신의 의기를 책에 담아보지 않으시렵니까?
책으로 펴내고 싶은 원고를 메일(book@book.co.kr)로 보내주세요.
성공출판의 파트너 북랩이 함께하겠습니다.

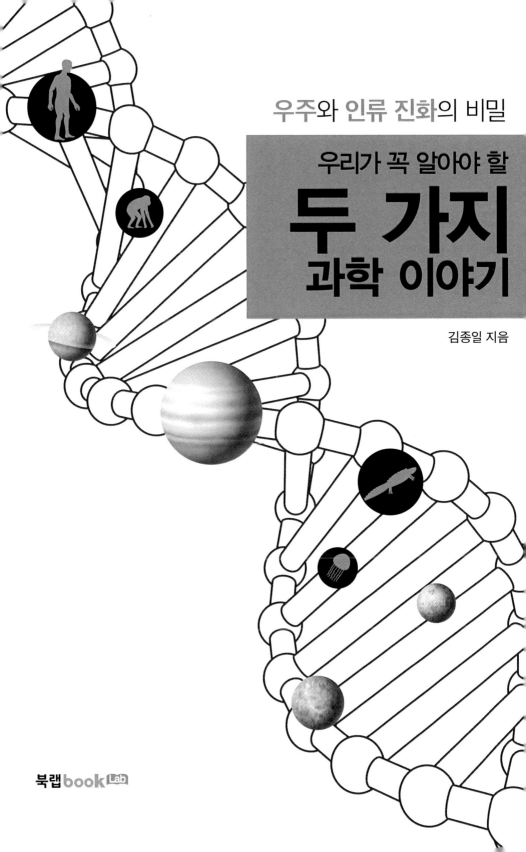

우주와 인류 진화의 비밀

우리가 꼭 알아야 할

두 가지
과학 이야기

김종일 지음

북랩 book Lab

책을 만들며

　제목이 책의 주제를 대표한다고 할 수 있습니다. 어쩌면 이미 나와 있는 책 제목인 『빅 히스토리』가 더 어울릴 수도 있겠습니다. 하지만 『빅 히스토리』를 접하기 훨씬 전부터 우리 아이들에게 꼭 필요한 지식이 과연 무엇이며 그것을 어떻게 전달할 수 있을까에 대한 고민을 깊이 했습니다. 학교를 나와 대안학교를 운영하면서 더 깊은 문제를 접했습니다. 그것은 바로 배운 것을 어떻게 활용하는가에 대한 답을 찾는 일이었습니다.

　매일 무엇인가를 배우고 있는 아이들에게 "그래 너희들은 정말 꼭 알아야 할 것을 배우는구나."라는 말을 전하고 싶은 것이 제 교육인생의 가장 큰 화두입니다. 또한 '아이들이 정말 알아야 할 것을 내가 제대로 전달하고 있구나.'라는 마음속에서 번져나는 메아리를 듣는 것입니다.

　그럼 꼭 배워야 할 것들에 대한 기본적인 전제조건은 무엇일까요? 첫째로는 '번짐'이라고 할 수 있습니다. 어렸을 때 종이에 사인펜으로 점 하나를 콕 찍어 물에 담가 놓으면 어느새 사인펜의 잉크는 번져 아름다운 무늬를 만들었던 것을 볼 수 있었습니다. 정말 아이들이 배워야 할 것은 바로 사인펜의 잉크 같은 것이어야 합니다. 집중하여 찍은 한 개의 점이 시간이 흐를수록 처음에는 상상하지도 못했던 아름다운 여러 개의 색을 만들어 내듯이 그 순간 배운 것들이 점이되고 잠깐의 시간이 흐른 뒤에 배울 때는 상상하지 못했던 아름다운 일과 성취를 만들어 냅니다.

두 번째로는 '엮음'이라고 할 수 있습니다. 요즘 아이들은 인터넷매체와 사교육, 독서 등의 영향으로 알고 있는 것이 너무 많습니다. 하지만 내 아이는 별로 알고 있는 것이 없는 것처럼 이야기하는 부모님들이 많습니다. 그것은 아이들의 머릿속에 잠자고 있는 지식을 제대로 꺼내지 못했기 때문입니다. 이것은 아이들의 잘못 이라기보다는 교사나 부모가 아이들의 머릿속에 잠자고 있는 지식을 꺼내는 자극, 즉 좋은 질문을 하지 않았기 때문이라고 할 수 있습니다. 그렇다고 때와 장소에 알맞은 적절한 질문을 만들어 내는 것도 쉬운 일이 아닙니다. 그러므로 꼭 배워야 할 것은 잠자고 있는 지식들을 깨워 서로 관계 지어 엮어 내는 역할을 할 수 있어야 합니다.

마지막은 '드러냄'입니다. 알게 된 것들을 번지게 해 창조적인 것을 만들어서 기존의 지식과 관계 지어 엮어낸 후에는 겉으로 표현해야 합니다. 드러내지 않으면 지식의 존재가치는 사라지고 맙니다. 욕심을 좀 낸다면 그 표현 방식은 남들이 이미 표현해 놓은 것이 아니라 조금의 변형을 가하거나 새로운 것이라면 더욱 좋을 것입니다.

'번짐', '엮음', '드러냄'은 부모나 교사의 욕심으로 채워지지 않습니다. 저도 수많은 방법과 시도를 해 보았지만 아이들은 내 의도와 관계없이 다른 길로 빠져들곤 했습니다. 어린 아이들도, 중·고등학생들도 심지어 성인들까지 많은 이야기를 나누어 보았지만 기대했던 효과가 나타나지 않았습니다. 10여 년이 지난 지금에서야 깨달은 것이지만 그 실패의 원인은 일방적이라는 것입니다. 마치 옛 우화에 나오는 사자와 소의 사랑

이야기와 비슷했습니다.

> "사자와 소가 너무 깊은 사랑을 나누고 마침내 결혼합니다. 소는 사자
> 를 위해 매일 초원을 누비며 가장 맛있는 풀을 먹지 않고 모아 사자에
> 게 가져다줍니다. 반대로 사자는 힘겨운 사냥 끝에 얻은 맛있는 고기
> 를 소에게 가져다줍니다. 그러다 두 동물은 결국 서로의 사랑이 잘못
> 된 것임을 깨닫게 됩니다."

이 이야기에서 얻은 교훈이 저에게도 고스란히 전달되었습니다. 아무
리 좋은 것도 그것을 받을 준비가 되지 않은 아이들에게는 아무소용이
없다는 것입니다. 하지만 아이들은 어떤 것이 자기에게 도움이 되고 또
하고 싶은 것인지 알지 못합니다. 많은 사람들이 아이들의 진로를 걱정
하고 "제 아이는 미래의 목표가 없어요."라는 말을 하며 불안해합니다.
그것도 아이들 탓이 아닙니다.

아이들이 미래에 어떤 일을 하고 싶은지, 자기가 좋아하는 것은 무엇인
지 모르는 것은 당연한 것입니다. 왜냐하면 경험하지 못했거나 그러한 것
에 대한 지식을 배운 적이 없기 때문입니다. 그저 당면한 하루치의 공부
양이 정해져 있고 그것을 해결하는데 많은 시간과 고통을 겪고 있는 우리
아이들에게 미래에 무엇을 하고 싶은지에 대한 질문이나, '좋아하는 일이
무엇이니?'라는 질문은 의미가 없습니다. 아이들에게 꿈과 미래에 대해 말
하고 싶을 때는 미래라는 시간이 어떤 시간인지, 그리고 일들이란 어떤 것
들이 있는지에 대한 정보를 아이에게 먼저 주어야 합니다.

그렇지만 2만 가지가 넘는 사회의 일을 하나씩 모두 경험할 수는 없
습니다. 어린 시절이라는 한정된 짧은 시간 동안 도저히 감당할 수 없기
때문입니다. 그렇기 때문에 아이들의 소중한 시간을 허비하지 않을 좋

은 교육프로그램을 만드는 일은 매우 중요한 일입니다. 세상의 모든 직업을 경험하고 모든 일을 이해할 수 없다고 하더라도 자기 주변에서 일어나는 일이 여러 가지 일들과 연결되어 있다는 것을 안다는 것만으로도 우리는 충분히 행복한 삶을 살아갈 수 있습니다.

　모르는 것이 있을 때는 내가 모르고 있다는 것을 모릅니다. 하지만 내가 어떤 현상이나 사실의 원리를 알고 있을 때의 충만감은 그 사실을 깨닫기 전에는 결코 알 수 없는 것들입니다. 알고 있는 것은 미지의 모르고 있는 것에 대한 호기심을 만들어내고 그 호기심은 새로운 삶의 방향으로 도전하는 에너지가 됩니다.

　후테르만스(Frits Houtermans)가 여자 친구와의 데이트에서 "별이 참 아름답지? 난 어제부터 별이 왜 빛나는지 알게 됐어."라는 말을 했을 때의 감동과 그 말을 들은 여자 친구의 감동을 한번 되새겨 보십시오. 그저 바라볼 때의 별과 그 별이 반짝이는 원리를 알 때의 별의 차이는 매우 클 것입니다.

　이 책은 자신의 주변에서 보이는 수많은 이야기와 보이지 않은 더 많은 이야기들을 듣게 해주는 데 목적이 있습니다. 물론 듣는 것을 넘어서서 그 이야기의 실체를 가깝게 이해하고 그것을 바탕으로 새로운 이야기를 만들어낼 수 있는 동기와 힘을 줄 수 있습니다.

　그리고 또 한 가지 잊지 말아야 할 것은 자연에 대한 인간의 겸손입니다. 더 넓은 우주에서 지구를 찾는다면 아마 영원히 찾을 수 없을 수도 있습니다. 인간도 마찬가지입니다. 수많은 지구의 생명 중에서 인간은 그저 인간일 뿐입니다. 옆에 있는 나무와 풀, 곤충과 별반 다른 것이 없습니다. 이러한 겸손은 지구와 인간을 더욱 더 안전하게 하는 장치가 될 것입니다.

책을 만드는 동안 함께한 사랑하는 나의 학생들 수민, 상윤, 재우, 경민, 혜연, 은준, 현민, 민지, 도완 그리고 아빠가 하는 일을 지지하고 늘 격려해 준 큰 아들 민주에게 이 책의 행복을 돌려드립니다. 그리고 이 책이 가진 행복을 만들어준 아내 승령에게 남은 모든 행복을 드립니다.

아이들의 웃음과 땀방울이 남아 있는
융합인재혁신학교에서
저자 **김종일**

* **일러두기:**

이 책에 실린 이미지의 일부는 원 출처를 알 수 없는 온라인 자료가 포함되어 있음을 밝혀 둡니다.

Chapter 2.
두 가지, 나는 누구인가? (Who am I?)

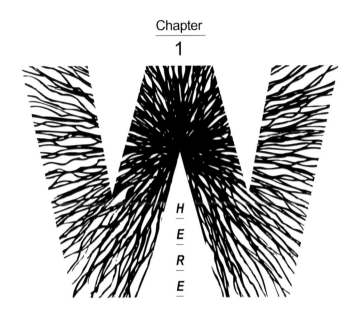

한 가지,
나는 어디에 있는가?
(Where am I ?)

우주의 중심을 발견하는 날,
많은 사람들이 자신이 그 중심이 아님을 깨닫고 실망하게 될 것이다.

-버나드 베일리-

우주에 대한 생각

우주가 어떻게 만들어졌는가에 대한 궁금증은 아마도 인간이라는 생명체가 이 지구상에 발을 디디고 섰을 때부터 시작되었을 것입니다. 인간은 다른 동물들과 구별되는 '생각'이라는 것을 할 수 있기 때문입니다.

'생각'이라는 것은 감각으로부터 전해오는 정보를 생명유지를 위한 본능적 반응으로 사용하지 않고 자극을 이용하여 분석, 판단, 선택으로 이어지는 보다 한 차원 높은 목적을 위해 사용하는 것을 말합니다.

인간의 다섯 가지 감각

생명을 유지하는 것 외에 감각을 이용해 생각을 한다는 것은 자신 즉, 인간을 둘러싸고 있는 모든 것들에 대해 왜 그곳에 그렇게 존재하는지, 어떻게 그렇게 되었는지, 언제부터 그래 왔는지에 대한 생각들입니다. 이것을 '궁금증, 호기심'이라고 합니다. 궁금증과 호기심으로 인해 인간은 더욱 인간답게 하고 인류사회는 발전해 나가는 것입니다. 아니 발전이라는 말보다는 진화라고 하는 것이 훨씬 더 어울립니다. 발전은 더 나아진 상태를 이야기하기 때문입니다.

과연 과거보다 지금이 더 나아졌다고 말할 수 있을까요? 물론 더 나아졌다고 말하는 사람도 있을 것이지만 반대로 더 퇴보하였다고 말하는 사람도 있을 것입니다. 이렇게 의견이 분분한 까닭은 발전과 퇴보의 기준이 사람에 따라 다르기 때문입니다.

 숲과 빌딩 숲에서 발전과 퇴보 경험하기

1. 숨을 깊이 들이마시고, 내쉬기를 3번 정도 합니다.
2. 두 개의 그림을 동시에 봅니다.
3. 숲과 빌딩 숲, 두 개의 숲 중에서 어디가 더 마음이 편한가요?

하지만 시간이 지남에 따라 달라진 것은 분명하기 때문에 진화 되었다고 이야기하는 것이 더욱 적합할 것입니다. 진화란 환경이 주는 압력에 의해 변화되는 과정이기 때문입니다. 그러므로 좋을 것도 나쁠 것도 없습니다.

생각의 시작

나무에서 내려온 인간(Chapter 2에서 자세히 이야기 합니다.)은 한 개의 큰 불빛만 보는 낮과 달리 밤이 되면 반짝이는 수많은 별을 만나게 됩니다. 또한 얼룩무늬를 가진 달의 모양은 매일 변하고, 때로는 사라지기까지 합니다. '왜 그럴까? 어떻게 저럴 수 있을까?'를 지나 과연 '누가 저렇게 어려운 일, 무서운 일을 할 수 있을까?'라는 생각이 듭니다. 사냥을 나갔다가 바람이 너무 불어 제대로 서 있을 수 없을 때도 있고, 갑작스러운 비가 내려 주변의 모든 것이 쓸려가 버리기도 하고, 큰 바람이 불어 먹을 것이 모조리 날아가 버리기도 했습니다. 이럴 때면 너무 무서워 동굴에 숨어 꼼짝도 할 수 없었습니다.

우연히 알게 된 고마운 불가에 앉아 있을 때 갑자기 일어서는 건너

편 사람의 거대한 그림자를 보고 그만 깜짝 놀랐습니다. 거대한 그림자는 큰 키를 이용해 하늘에 반짝이는 별을 만들고 매일 변하는 달도 만들고, 낮에 빛을 내는 태양도 만들었을 것이며 세차게 부는 바람도 비도 눈도 만들었을 것이라 '생각'했습니다. 이 거대한 그림자는 인간의 두려움을 극복하게 만들어준 신(神)이 되었습니다. 그리고 이 신(神)들이 궁금증과 호기심의 바다인 우주를 만들었다고 믿었습니다.

우주를 만든 신(神)들의 이야기

지금까지 전해 내려오는 우주에 대한 신화에는 대부분 거인이 등장합니다. 거대한 거인이 우주를 만들어가는 장면이 자세히 묘사됩니다. 이러한 이야기는 동서양의 구별이 없습니다. 거인은 키가 아주 커서 하늘에 별과 해와 달을 만들기에 충분합니다. 그리고 힘이 세기 때문에 바위나 산을 만들 수도 있고 심지어 입이나 코에서 나오는 호흡으로 바람을 만들고 때로는 자신의 신체를 이용해 세상에 존재하는 모든 것들을 만들어 내기도 합니다.

이집트 신, 누

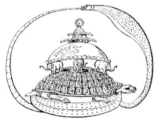

인도전통의 우주 모양

중국의 반고

북유럽의 신 이미르

우리나라 마고할미 동화 삽입 그림

우리가 꼭 알아야 할
두 가지
과학 이야기

이러한 이야기는 그리스, 로마 신화에서 가장 극적이고 드라마틱하게 만들어집니다. 하지만 신화는 이야기일 뿐입니다. 이야기가 과학적인 사실과는 다르다는 것을 우리는 이미 잘 알고 있습니다. 제우스가 던지는 번개는 구름에 존재하는 전기적 충돌이라는 것도 알고 바다가 만들어 내는 파도 또한 포세이돈의 삼지창이 만들어 낸 것이 아님을 알고 있습니다.

제우스

포세이돈

물결파의 진동에 의해 만들어지는 파도

하지만 이 모든 이야기의 끝에는 신이라는 존재가 있습니다. 신은 성스럽고 완벽한 존재이기 때문에 인간이 감당할 수 없으며 아무리 인간이 노력한다 해도 전지전능한 신 앞에서는 어쩔 수 없는 작은 존재가 됩니다. 그래서 이 신화의 끝과 과학의 시작이 맞닿는 부분에서도 신이 이 우주를 만들었다는 깊은 믿음이 아주 오랜 시간 동안 지속됩니다. 그러면 문제는 신이 우주를 어떻게 만들었는지 그것에 대한 설명이 필요합니다. 이 설명을 맡은 사람들이 바로 최초의 철학자들입니다.

우주의 설명을 시작한 철학자 아리스토텔레스

탈레스를 비롯한 철학자들은 지금의 철학자와는 하는 일이 완전히 달랐습니다. 지금처럼 인문학, 과학, 수학, 예술 등으로 나누어지지 않았습니다. 그들은 모든 것을 이해하고 연구하고 설명했습니다. 물론 영역이 나누어져 있지 않아 지금보다 복잡하지 않았고 관리해야 할 지식의 양이 그리 많지 않았을 것이므로 한 사람이 모든 영역을 설명하는 것이 가능했을 수도 있습니다. 하지만 학문에 대한 그들의 사랑만큼은 지금의 위대한 학자와 견주어도 손색이 없었을 것입니다. 수천 년이 지난 지금도 우리는 그들에게 의존하는 부분이 아주 많고 여전히 과학, 수학, 윤리, 철학, 예술 시간에 그들의 이야기가 끊이지 않고 이어집니다.

하지만 그들에게도 한계는 존재했습니다. 그들 중 일부는 신에게 의지하지 않았지만, 대부분의 철학자들은 말문이 막히면 신의 섭리로 돌렸습니다. 당시에는 신이 없다고 하면 설명할 수 없는 것들이 너무나 많았기 때문에 설명할 수 없는 많은 것들에 신의 힘을 빌려 넣었습니다.

그 중 인간이 설명할 수 없는 아주 어려운 문제는 하늘과 땅의 이야기입니다. 하늘에 있는 해와 달 그리고 수많은 별들은 쉬지 않고 움직이고 땅에서도 하늘의 움직임과 같이 바람이 불고 파도는 일렁이며 밤과 낮이 바뀌고 계절이 변해 갔습니다. 신이 우주를 만들었다면 왜 이렇게 만들 수밖에 없었는지, 달은 왜 모양이 바뀌며 태양은 왜 뜨거웠다 차가웠다 하고 별들은 왜 일정한 방향으로 움직이는지 철학자들은 설명해야 했습니다. 그 설명의 시작은 늘 그렇듯이 아리스토텔레스[1]부터 시작합니다.

아리스토텔레스는 하늘의 일과 땅의 일을 나누어 설명하였습니다. '하늘은 신들의 세상이기 때문에 아주 완벽한 원과 구의 형태를 유지하고 있고 한 점의 결점도 존재하지 않는다.'라고 이야기하고 '지상의 세계에는 모든 것이 원래의 자리로 되돌아가는 것이 섭리(신의 주장)'라고 했습니다. 위에 있는 물체가 아래로 떨어지는 것도 신의 섭리에 의해 당연한 것이고, 굴러가는 물체가 멈추는 것도 당연하다는 것도 신이 만들어 낸 아주 자연적인 현상이라고 설명합니다.

아리스토텔레스의 설명을 가만히 들어보면 모든 것이 맞는 말입니다. 위에 있는 물체는 한 번도 빠짐없이 아래로 떨어지고 움직이는 물체는 언젠가는 정지하며 하늘에 있는 해, 달, 별은 나를 중심으로 동그랗게 돌아갑니다. 어떤 반론도 할 수 없습니다. 왜냐하면 그렇게 보이기 때문입니다.

---

1) 고대 그리스의 철학자(B.C.384-B.C.322). 소요학파의 창시자이며, 고대에 있어서 최대의 학문적 체계를 세웠고, 중세의 스콜라 철학을 비롯하여 후세의 학문에 큰 영향을 주었다. 저서에 ≪형이상학≫, ≪오르가논≫, ≪자연학≫, ≪시학≫, ≪정치학≫ 따위가 있다.

라파엘로의 아테네 학당에서의 플라톤(왼)과 아리스토텔레스(오)

　　아리스토텔레스는 신은 인간을 세상에서 가장 고귀한 존재로 만들었고 고귀한 인간이 살아가는 지구는 완벽한 원으로 되어 있다고 설명했습니다. 그러니 지구가 우주의 중심이 되는 것은 아주 당연한 일입니다. 지구를 중심으로 모든 행성은 투명한 수정구에 부드러운 면을 따라 완벽한 원 운동을 한다는 것입니다.

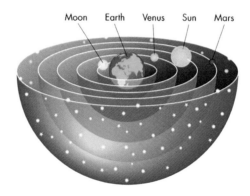

지구를 중심에 두고 완벽한 원인 수정구를 따라 회전하는 행성들

당시에 아리스토텔레스는 절대적 진리의 소유자이며 세상의 모든 것을 설명한 위대한 사람이었습니다. 사람들은 그가 말한 모든 이야기를 의심 없이 받아들였습니다. 아리스토텔레스가 세상을 떠난 이후 거의 2000년 동안 지구가 우주의 중심이라는 설명은 절대적 진리로 받아들여졌습니다. 심지어 지금까지도 아리스토텔레스의 주장(지구가 우주의 중심이며 모든 행성과 별들은 지구를 가운데 두고 돌고 있다는 이야기)을 진리라고 믿는 사람이 더 많습니다.

 아리스토텔레스 주장에 반대하기

아래에 적힌 아리스토텔레스의 3가지 이야기에 반대되는 생각을 떠올려 봅시다.

1. 태양이 지구 둘레를 돕니다.

아닙니다, 왜냐하면 _____

2. 무거운 물체가 먼저 떨어집니다.

아닙니다, 왜냐하면 _____

3. 운동하는 물체는 멈춥니다.

아닙니다, 왜냐하면 _____

설명에 설명을 더한 프톨레마이오스

신과 아리스토텔레스가 남긴 우주와 지구에 대한 이야기는 아주 오랜 시간 동안 사람들의 지식과 마음에 자리 잡고 있었습니다. 간혹 플라톤이나 피타고라스처럼 지구가 아닌 태양을 중심으로 생각한 사람도 있었지만, 그것을 집중적으로 관측하고 분석하는 일에 집중하기에는 다른 일이 너무 많았습니다. 철학자들은 인간과 신의 관계에 사람들은 먹고 사는 일에 우선순위를 두었습니다.

클라우디오스 프톨레마이오스

알마게스트

프톨레마이오스 우주

아리스토텔레스가 죽고 400여 년이 지난 어느 날, 한 사람이 매일같이 하늘을 관측하고 있었습니다. 망원경이 아직 만들어지지 않은 시대였으므로, 맨 눈으로 하늘을 뚫어져라 살펴보았습니다. 매일 기도하는 것도 잊지 않았고 위대한 스승이신 아리스토텔레스의 설명도 외다시피하였습니다. 그런데 이상한 일이 생겼습니다. 완벽하게 움직여야 할 화성이 자꾸만 거꾸로 움직이는 것이었습니다. 지구가 가만히 있다면 화성은 서쪽에서 동쪽으로 움직여야 하는데 한 번씩 동쪽에서 서쪽으로 움직였습니다.

이것을 행성의 역행운동이라고 합니다. 원래 방향으로 진행하는 것, 순행의 반대말입니다. 프톨레마이오스는 화성의 운동에 의문을 제기하기보다 신이 만든 완벽한 우주와 아리스토텔레스의 설명에 부연 설명을 하기로 했습니다. 그래서 아리스토텔레스의 우주에 안벽한 원을 하나씩 더 그려 넣었습니다. 이것을 주전원이라고 부릅니다.

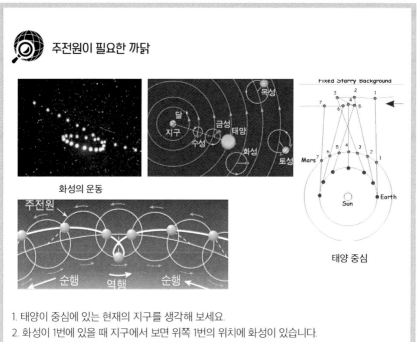

주전원이 필요한 까닭

화성의 운동

주전원

순행   역행   순행

태양 중심

1. 태양이 중심에 있는 현재의 지구를 생각해 보세요.
2. 화성이 1번에 있을 때 지구에서 보면 위쪽 1번의 위치에 화성이 있습니다.
3. 지구가 화성의 4번, 5번과 연결되면 지구에서 볼 때 화성이 반대 방향으로 운동하는 역행 현상이 관찰됩니다.
4. 반대로 지구가 중심에 있으면 절대로 역행 현상이 관찰되지 않습니다. 왜냐하면 지구는 가만히 있고 행성이 움직이기 때문입니다.
5. 그래서 행성에 원을 하나 더 그려 넣으면 자연스럽게 역행 현상이 설명됩니다.

〈그림출처〉: http://study.zum.com/book/13966

주전원을 만든 프톨레마이오스는 행성이 가끔씩 뒤로 움직이는 역행 현상을 설명하면서 문제를 해결했습니다. 이렇게 만든 주전원은 새로운 행성이 발견되고 하늘에 반짝이는 별들이 뒤로 움직일 때마다 그려 넣어 프톨레마이오스의 우주는 온통 주전원으로 둘러싸였습니다.

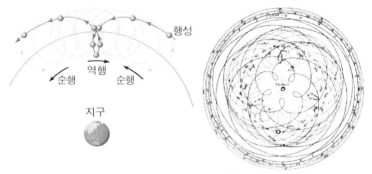

〈그림출처〉: http://study.zum.com/book/12475

또한 프톨레마이오스는 만약 지구가 움직인다면 지구의 공전위치에 따라 별의 위치가 달라 보이는 연주 시차가 나타나야 하는데 실제로 연주 시차를 관측할 수 없다는 이유로 지구가 우주의 중심이라는 것을 강조하였습니다. 이 연주 시차 문제는 오랫동안 태양중심설을 주장하는 학자들의 발목을 잡았습니다. 별들이 너무 멀리 있어서 연주 시차를 관측할 정밀한 기구가 없었기 때문입니다. 연주 시차의 발견은 무려 1800년 뒤에 프리드리히 베셀에 의해 관측됩니다.

프톨레마이오스는 하늘을 관측하는 일 외에도 아주 많은 일을 했습니다. 특히 지리에 관심이 많아 당시 유럽의 지도를 직접 그리기도 했습니다. 그의 연구업적은 위대한 책『알마게스트』에 고스란히 담겨져 당시 유럽뿐만 아니라 아시아 이슬람 문화권에서도 아주 많이 읽혀졌다고 합니다.

프톨레마이오스가 만든 주전원이 가득한 우주도 아리스토텔레스와 마찬가지로 아주 오랜 시간 동안 이어집니다. 그동안 누구도 의심하지 않았고, 의심할 여지가 없었습니다. 하늘을 매일 관측하는 일은 그리 쉬운 일이 아니기 때문입니다. 그러나 1306년이 지난 추운 겨울날 1,000년 이상 지속되어 오던 잘못된 진리를 바로 잡을 한 사람이 태어납니다. 바로 코페르니쿠스입니다.

 연주 시차 실험과 이해

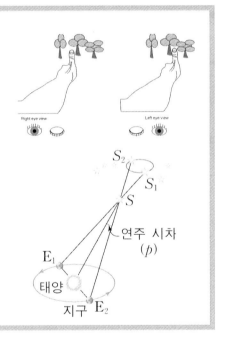

1. 엄지손가락을 들어 팔을 뻗어 보세요.
2. 엄지손가락 끝이 가리키는 곳을 보세요.
3. 오른쪽 눈을 감고 엄지손가락의 위치를 확인하세요.
4. 왼쪽 눈을 감고 엄지손가락의 위치를 확인하세요.
5. 이것이 바로 시차입니다.
6. 연주 시차는 지구가 공전하는 위치에 따라 별의 위치가 다르게 관측되는 현상을 말합니다.
7. 연주 시차가 생기면 지구가 공전하고 있다는 증거가 됩니다.
8. 지구의 위치에 따라 똑같은 별의 위치가 다르게 보입니다.

설명을 과학으로 바꾼 혁명가 코페르니쿠스

 '혁명'은 기존의 지식으로 설명할 수 있는 '진리'라는 것을 바꾸어 새로운 지식과 믿음이 생길 때 쓸 수 있는 낱말입니다. 더욱 간단히 이야기하면 지금 우리가 생각하고 있는 진리, 믿음이 잘못된 것이라고 생각되어 완전히 바뀌는 것입니다. 인류역사상 혁명의 순간이라고 불리는 때가 있습니다. 대표적인 것이 바로 신석기 혁명 즉, 농업 혁명입니다. 인간이 사냥하고 열매를 따 먹으며 이곳저곳 떠돌아다니는 생활보다 한곳에 정착하여 스스로 식물과 가축을 길러서 먹는 시대가 되었다는 것입니다. 이러한 정착생활로 인해 남는 시간을 기술과 도구의 발달로 이끌었습니다.

또 하나의 혁명은 산업혁명입니다. 인간의 힘과 자연에너지로 필요한 것들을 대부분 만들어내던 시대에서 기계라는 강력한 힘과 에너지로 더 많은 것들을 더 편리하게 생산할 수 있게 됐습니다.

그리고 한 가지를 더하면 코페르니쿠스 혁명이라고 불리는 태양중심설의 등장입니다.

폴란드의 위대한 천문학자 코페르니쿠스

코페르니쿠스의 발상은 아주 간단했습니다. 왜냐하면 한 번만 기존의 진리를 다른 방향으로 생각해 보면 모든 것이 간단히 해결되고 설명되기 때문입니다. 코페르니쿠스는 프톨레마이오스가 만들어 낸 복잡한 주전원이 매우 불편하다고 생각했습니다. 신이 만들었다면 이렇게 불편한 주전원을 아주 많이 만들지 않았을 것이라 생각한 것입니다. 수정구[2)]에 박히 있는 별들이 또다시 주전원을 따라 회전한다면 얼마나 불편한 일입니까?

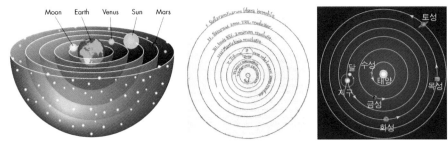

<그림출처>: http://study.zum.com/book/13966

그러나 코페르니쿠스는 주전원을 없애고 생각을 아주 단순화시켰습니다. 그것은 바로 태양을 우주의 중심에 가져다 놓은 것입니다. 태양을 중심으로 지구가 하루에 한 바퀴 돌면 낮과 밤의 문제가 해결되고, 수성과 금성은 지구의 안쪽에서 회전하기 때문에 아침, 저녁으로만 볼 수 있고, 화성과 목성 그리고 토성은 지구 바깥에서 회전하기 때문에 행성 간 속도차이에 의해 지구 운동과 반대 방향으로 움직이는 역행이 관찰되는 것이 아주 당연한 일이 되어 버리는 것입니다.

---

2) 수정구라는 아이디어는 앞에서 이야기한 아리스토텔레스의 우주에 관한 그림을 보면 하늘에 반짝이는 별들은 저마다 가지고 있는 투명한 수정구가 있고, 그 수정구를 따라 행성들은 움직인다고 생각하였습니다.

우리가 꼭 알아야 할
두 가지
과학 이야기

그리고 설명하기 어려웠던 연주 시차의 문제는 수정구와 수정구 사이의 거리가 너무 멀어서 관측하기 어렵다는 말로 자세한 설명을 대신했습니다. 실제로 연주 시차는 코페르니쿠스의 생각처럼 별의 거리가 너무 멀기 때문에 당시의 과학 장비로는 관측하기 매우 어려웠습니다. 연주 시차는 300년이 지난 후 독일의 천문학자 프리드리히 베셀에 의해 관측됩니다. (조금만 있으면 그를 만날 수 있습니다.)

코페르니쿠스의 이런 생각은 그가 살았던 당시에는 많은 사람들에게 잘 알려지지 않았습니다. 왜냐하면 당시에는 신의 섭리에 어긋나는 행동이나 말을 하게 되면 큰 벌을 받아야 했기 때문입니다. 그래서 그는 죽기 직전 친구에게 출판을 부탁했고, 그의 친구가 루터교회 목사에게 부탁하여 결국 코페르니쿠스가 세상을 떠나는 해인 1543년『천구의 회전에 관하여』라는 혁명적인 책이 출판됩니다.

책의 서문에는 "이 책은 우주를 설명하는 것이 아니라 단순히 수학적으로 해석한 것 뿐."이라는 설명으로 교회의 신경을 건드리지 않으려고 노력했습니다. 물론 이글은 코페르니쿠스가 쓴 것이 아니라 출판을 부탁받은 목사가 두려움 때문에 썼던 것입니다. 결국 코페르니쿠스는 죽음을 앞둔 침대에서 자신이 기록하지 않은 이러한 서문을 읽으며 세상을 떠났다고 합니다.

『천구의 회전에 관하여』

코페르니쿠스가 『천구의 회전에 관하여』라는 책에서도 해결하지 못했던 문제는 여전히 남아 있습니다. 어쩌면 이러한 문제들 때문에 태양중심설 즉, 지동설이 많은 사람들에게 받아들여지지 않았을 수도 있습니다. 또 이런 문제들이 앞으로 만나게 될 많은 천재들을 탄생시키기도 하였습니다.

 코페르니쿠스 넘어서기

당시 코페르니쿠스를 비판한 생각들입니다. 우리는 코페르니쿠스가 되어 다음 세 가지 질문에 답해 봅시다.

1. 지구가 태양둘레를 돌고 있다면 엄청난 속도로 돌아야 하는데 왜 바람은 일정한 방향으로 그리고 매일 세차게 불지 않는가?
2. 제자리에서 높이 뛰어서 다시 내리면 뛰었을 때와 똑같은 자리에 착지하게 되는가?
3. 행성들의 움직임이 때로는 빠르고 때로는 느린 이유는 무엇일까?

열정적이고 고집스러운 관측자 티코 브라헤

티코 브라헤

티코 브라헤(1546-1601)는 코페르니쿠스가 세상을 떠난 3년 뒤 덴마크에서 '금수저'를 물고 태어났습니다. 사진을 자세히 살펴보면 이상한 점을 발견할 수 있습니다. 벌써 발견하였나요? 에, 그렇습니다. 코가 좀 이상해 보이죠? 사촌과의 사소한 논쟁 끝에 벌인 칼싸움으로 인해 코가 잘려나가 코를 철로 만들어 붙였다고 합니다.

후각을 잃은 덕분에 놀라운 관찰력으로 티코 브라헤는 하늘에 보이는 거의 모든 별의 운동을 집요하게 관측하고 기록하였습니다. 그리고 자신의 재력에 덴마크 국왕의 전폭적인 지원을 받아 '하늘의 성(Uraniborg)'이라는 천문대를 짓고 왕처럼 지냈다고 합니다. 그 성안에는 없는 것이 거의 없었습니다. 그리고 많은 사람들이 그를 위해 농사짓고, 농기구를 만들고, 요리했습니다. 그리고 죄를 지은 사람은 재판을 받고 감옥에 가두기까지 했다고 합니다. 그는 정말 엄청난 권력을 가지고 천문대를 운영했습니다.

우라니보르크

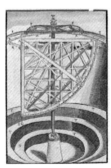

직각기

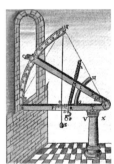

사분의

티코 브라헤는 어렸을 때부터 천문학에 관심이 많아 프톨레마이오스가 지은 『알마게스트』를 열심히 읽었습니다. 그리고 별 관측에 필요한 사분의와 직각기 등을 제작하는 기술도 익혔습니다. 그는 진정한 행성 운동을 설명하는 방법이 관측으로 설명하는 것이라고 굳게 믿었습니다. 하지만 프톨레마이오스를 공부한 티코 브라헤는 지구가 우주의 중심이라는 생각을 쉽게 바꿀 수 없었습니다. 그래서 대부분의 관측이 지구가 우주의 중심이라는 것을 염두해 두었기 때문에 관측 결과가 자꾸만 자신의 생각과 맞지 않아 고민했습니다.

그러던 중 우연히 혜성을 관측하게 되었습니다. 혜성이 멀리서 날아오면서 토성과 목성 그리고 화성을 지나 지구 주변을 스쳐 지나갔는데도 아무런 일이 벌어지지 않았고 별도 그 자리에서 그대로 빛나고 있었습니다. 도무지 알 수 없는 일이었습니다. 혜성이 지나가면 분명 행성들이 돌고 있는 수정구에 어떤 흔적이 남아야 하는데 아무 흔적도 없고, 아무 일도 없었던 것처럼 별과 행성은 변함없었기 때문입니다. 그리고 혜성이 지나간 궤도도 완벽한 원이 아니었습니다. 혜성도 분명 수정구를 따라 운동하면 틀림없는 완벽한 원운동을 해야 하는데 말입니다.

그래서 티코 브라헤도 프톨레마이오스의 설명이 부족하다는 것을 깨닫고 새로운 우주 모형을 만들었습니다. 일단 지구를 우주의 중심에, 제일 가까이 보이는 달은 지구 근처에 남겨 두었습니다. 그리고 수성, 금성, 화성, 목성, 토성이 태양을 중심으로 회전 운동 하고 있는 모델을 만들어 내었습니다. 특이한 점은 자신이 발견한 혜성이 태양의 바깥 궤도를 돌고 있다는 것이었습니다. 이렇게 되면 지구에서 볼 때 원운동이 아니게 보입니다.

티코 브라헤의 우주

1. 지구가 가운데 있고 달이 지구 주위를 돌고 있습니다.
2. 조금 떨어져 태양을 가운데 두고 행성이 공전하고 있습니다.
3. 태양의 제일 바깥 궤도에 꼬리가 긴 혜성이 움직이고 있습니다.
4. 생각해 보세요. 이 모델이 행성의 역행 현상을 설명할 수 있나요?

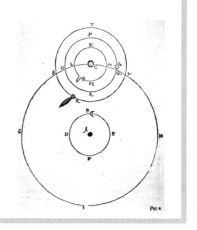

〈그림출처〉: http://science.postech.ac.kr/hs/collectedata/990520134948tycho_univ-l.gif

티코 브라헤는 코페르니쿠스도 염두해 두고 연주 시차를 관측하려고 꾸준히 노력했지만 결국 관측하지 못했습니다. 그때 그의 곁에 다가온 천재가 있었습니다. 바로 요하네스 케플러입니다.

수학으로 행성의 운동을 설명한 케플러

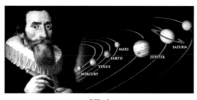

케플러

독일에서 태어난 케플러 (1571-1630)는 티코 브라헤와 달리 아주 가난하게 살았습니다. 특히 케플러는 그의 어머니가 여러 가지 구설수에

올라 마녀로 몰려 옥살이 까지 하였으며, 케플러는 어머니를 구하기 위

해 동분서주하며 매우 힘들고 바쁜 생활을 보냈습니다. 그 외 중에도 케플러는 우주에 대한 연구를 놓치 않았습니다. 그는 우주에 6개의 행성이 있다는 것을 추론하여 5개의 정다면체를 연결하여 우주를 설명했습니다.

 케플러의 우주모형

1. 수성, 금성, 지구, 화성, 목성, 토성의 6개의 행성을 정다면체와 연결합니다.
2. 가장 안쪽에 수성이 회전하고 그 둘레를 정팔면체가 위치합니다.
3. 정팔면체의 둘레에 수정구가 있고 그 궤도를 따라 금성이 움직이며 그 궤도에 정이십면체가 위치합니다.
4. 정이십면체가 접하는 구에 지구가 움직입니다.
5. 다음으로 정십이면체가 있고, 그것을 둘러싼 구를 따라 화성이 움직입니다.
6. 이어서 정사면체가 있고 접하는 구에 목성이 운동합니다.
7. 마지막으로 정육면체가 위치하고 접하는 구에 토성이 움직입니다.

〈그림출처〉: http://study.zum.com/book/11605

케플러의 정다면체 우주를 자세히 관찰해 보며 프톨레마이오스의 지구중심설보다는 코페르니쿠스의 태양중심설을 더욱 신뢰하였던 것을 알 수 있습니다.

케플러는 티코 브라헤가 조수를 모집한다는 소식을 듣고 그를 찾아갑니다. 브라헤는 케플러의 수학실력이 탐나서 조수로 받아들이지만 자신이 관측한 자료는 한 번도 보여주지 않았습니다. 케플러는 자신도 관측하고 싶었지만 시력이 매우 나빠져 관측할 수 없었습니다.

하지만 브라헤가 시키는 계산은 너무도 정확하게 했기 때문에 브라헤를 깜짝 놀라게 했습니다. 하는 일에 비해 수입이 넉넉지 않았던 케플러는 틈틈이 점성술로 사람을 모아 별점을 쳐주고 돈을 벌었습니다. 케플러는 점성술로 유명해져서 많은 사람들이 그를 찾아왔습니다. 물론 돈도 많이 벌었습니다.

그렇게 지내던 어느 날 저녁 집으로 돌아온 브라헤는 다음 날부터 일어나지 못하고 병이 들었습니다. 그 까닭은 전날 저녁 브라헤는 한 귀족으로부터 저녁식사 초대를 받았습니다. 술을 너무 많이 먹어 소변을 보고 싶었지만 체면 때문에 소변을 보지 않고 참았습니다. 참고 또 참은 브라헤는 결국 집으로 돌아왔지만 방광염에 걸렸습니다. 병든 브라헤는 회복하지 못하고 세상을 떠나고 맙니다. 죽음을 앞둔 시간에 브라헤는 케플러에게 자기 연구 자료가 보관되어 있는 창고의 열쇠를 주면서 이렇게 말했습니다.

"나의 연구가 헛되지 않기를…"

브라헤가 세상을 떠나자 케플러는 그가 남긴 관측 자료로 행성의 운동에 대한 연구를 시작할 수 있었습니다. 하지만 브라헤가 남긴 화성의 운동 관측 자료를 분석하는 연구를 거듭해도 계산이 맞아 떨어지지 않았습니다. 케플러는 혹시나 하는 생각에 화성의 운동을 원이 아닌 타원 궤도로 계산해 보았습니다. 타원으로 계산해 보니 화성의 운동이 브라헤의 관측 결과와 정확하게 일치하였습니다. 그래서 케플러는 그 유명한 행성 운동에 관한 3가지 법칙을 만들어냅니다.

케플러가 발견한 행성 운동의 세 가지 법칙

제1법칙 타원궤도의 법칙

행성이 타원 운동을 한다는 것을 알아챈 케플러는 타원의 성질을 이용하여 행성의 운동을 설명하려고 노력했습니다. 그 첫 번째가 바로 타원 운동의 법칙입니다. 타원의 두 개의 초점에서 일정한 거리에 있는 점들의 연결하여 그려 나가면 타원이 만들어집니다. 그림과 같이 연필로 두 개의 초점을 연결하면 두 초점과 타원에 이르는 거리의 합은 항상 일정한 값을 갖습니다.

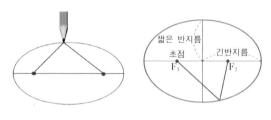

타원을 그리는 방법

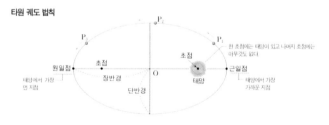

지구와 태양의 위치 차와 근일점과 원일점

〈그림출처〉: http://study.zum.com/book/15224

두 개의 초점 중 한곳에 태양이 위치하고 타원이 그려지는 궤도를 따라 행성이 운동하게 됩니다. 태양과 가장 가까운 곳은 근일점(近日點)이라

우리가 꼭 알아야 할
두 가지
과학 이야기

고 하고 가장 멀리 있는 반대편의 점을 원일점(遠日點)이라고 합니다. 그러면 원일점과 근일점에서 바라본 태양의 크기는 분명 달라 보일 것입니다. 현대 과학자들의 관측 사진을 보면 이 점을 확인할 수 있습니다.

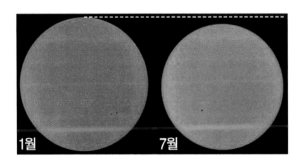

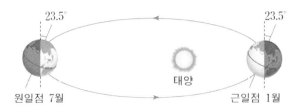

근일점과 원일점에서 관측되는 태양 크기의 차이

〈그림출처〉: http://study.zum.com/book/14832

북반구에서 태양과 가장 가까운 근일점이 겨울인 까닭

태양이 가까운데 왜 1월엔 추운 겨울이 되는 것일까요? 그것은 북반구가 기준일 때 발생합니다. 북반구가 겨울일 때 남반구는 여름이 됩니다. 실제로 태양과 지구 사이의 거리가 너무 멀어서 타원궤도의 차이가 거의 나지 않습니다. 간단히 말하면 거의 원에 가까운 운동을 하고 있습니다. (긴반지름과 짧은반지름의 비율이 거의 0.02정도라고 합니다.)

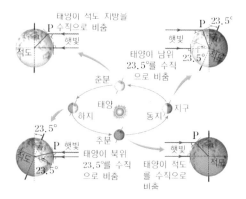

그러므로 태양과의 거리 때문에 계절의 변화가 생기는 것이 아니라 지구의 자전축이 기울어져 있기 때문에 계절의 변화가 생기는 것입니다. 즉, 지구가 기울어져 있어서 햇빛이 들어오는 양과 시간의 차이가 생겨 기온의 변화가 생겨 계절의 변화가 만들어지는 것입니다.

〈그림출처〉: http://study.zum.com/book/14832

제 2 법칙. 면적속도 일정의 법칙

김연아 선수가 올림픽에서 금메달을 딸 때의 모습을 생각하면 아직도 가슴이 찌릿합니다. 김연아 선수가 제자리에서 회전을 할 때 자세히 살펴보면 팔을 벌리고 있을 때는 천천히 돌다가 팔을 오므리면 빨리 도는 장면을 본 적이 있을 것입니다. 이 장면은 원 운동에서 회전하는 물체의 반지름이 작아지면 더 빨리 회전하는 것과 관련이 있습니다. 케플러의 면적속도 일정의 법칙도 김연아 선수의 회전 운동과 똑같은 원리로 이루어집니다.

회전 속도 느림   회전 속도 빠름
회전 반경과 속도

근일점과 원일점에서의 공전궤도 면적

〈그림출처〉: http://study.zum.com/book/14832

행성이 태양과 가까이 위치하는 근일점에서는 회전 반지름이 짧아져 빠르게 지나가고, 원일점에서 회전 반지름이 길어져 천천히 운동하게 됩니다. 빠르게 회전한 행성의 궤도가 만들어내는 태양과 행성 운동 간의 부채꼴의 넓이는 좁으면서 길고, 반대로 천천히 지나간 행성이 만들어내는 부채꼴은 넓고 펑퍼짐한 부채꼴을 그립니다. 길고 좁은 부채꼴과 넓고 펑퍼짐한 부채꼴의 면적은 항상 일정하다는 것이 바로 면적-속도 일정의 법칙입니다.

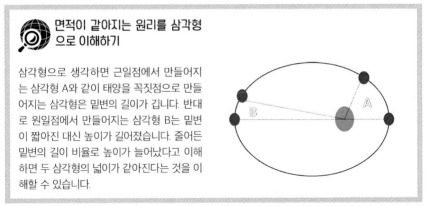

면적이 같아지는 원리를 삼각형으로 이해하기

삼각형으로 생각하면 근일점에서 만들어지는 삼각형 A와 같이 태양을 꼭짓점으로 만들어지는 삼각형은 밑변의 길이가 깁니다. 반대로 원일점에서 만들어지는 삼각형 B는 밑변이 짧아진 대신 높이가 길어졌습니다. 줄어든 밑변의 길이가 비율로 높이가 늘어났다고 이해하면 두 삼각형의 넓이가 같아진다는 것을 이해할 수 있습니다.

〈그림출처〉: http://study.zum.com/book/14832

제 3 법칙. 조화의 법칙

조화의 법칙을 이해하기 위해서는 복잡한 수학식이 필요하지만 아주 간단히 이해하는 것만으로도 충분히 설명할 수 있습니다. 조화라는 말은 아주 잘 어울려 있다는 것을 말합니다. 이 말은 행성의 궤도 반지름이 클수록 더 천천히 태양 주위를 공전한다는 것입니다. 어쩌면 이것은 아주 당연한 일입니다. 멀리 있는 행성은 천천히 돌고 가까이 있는 행성은 빠르게 공전한다는 것은 2법칙에서 말한 김연아 선수의 회전 운동과도 관련이 있습니다.

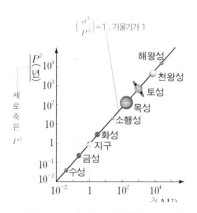

태양으로부터 거리에 따라 달라지는 공전 시간

〈그림출처〉: http://study.zum.com/book/14832

케플러는 자기가 생각한 정다면체로 만들어진 우주가 매우 잘못된 것임을 깨달았습니다. 그리고 지구가 더 이상 우주의 중심이 아니라는 사실도 계산을 통해 확인할 수 있었습니다. 케플러는 나중에 뉴턴이 이야기하는 거인 중의 한 사람으로서 수학적으로 계산한 행성 운동에 대한 위대한 유산을 남깁니다.

케플러 우주망원경

케플러 우주망원경은 2009년 나사에서 발사된 우주 망원경으로 지구와 같은 조건의 행성을 찾는 목적으로 발사되었다.

최초의 과학자 갈릴레오 갈릴레이

갈릴레오 갈릴레이

케플러가 열심히 브라헤의 관측 자료와 실제 행성 움직임을 비교할 때 이탈리아의 갈릴레오(1564-1642)는 자신이 직접 만든 망원경을 이용해 밤하늘을 관측하고 있었습니다. 이들의 태어난 날을 자세히 살펴보면 우리가 알고 있는 상식과는 달리 케플러보다 갈릴레오가 5살 더 많다는 것을 알 수 있습니다. 갈릴레오보다는 갈릴레이라고 부르는 경우도 있는데 갈릴레이는 집안의 성을 나타내는 말이기 때문에 실재 이름은 갈릴레오라고 부르는 것이 맞지만, 워낙 위대한 인물이기 때문에 갈릴레오라고 부르든 갈릴레이라고 부르던 그것을 가지고 시비를 걸 이유는 없습니다.

갈릴레오는 어려서부터 꾀나 영리했던 모양입니다. 의사가 되기를 바났년 아버지의 뜻에 따라 의과대학에 진학했지만 워낙 수학을 잘히고 좋아해 수학 공부를 계속합니다. 갈릴레오는 수학뿐만 아니라 자연에서 일어나는 많은 것들에 호기심을 가지고 그 비밀을 풀려고 노력한 사람입니다. 유명한 피사의 사탑은 뉴턴의 사과만큼이나 유명합니다. 갈릴레오를 최초의 과학자라고 부르는 까닭은 바로 모든 현상을 가설을 세우고 검증하는 방식으로 실험을 진행했기 때문입니다. 갈릴레오의 행성 운동을 알아보기 전에 갈릴레오의 물체 운동에 관한 것을 기본적으로 살펴보는 것이 도움이 됩니다.

진자의 등시성(等時性)

피사성당에서 미사를 보던 갈릴레오는 천장에 달려있는 샹들리에가 바람에 움직이는 것을 보았습니다. 그런데 무거워 보이는 샹들리에와 가벼워 보이는 샹들리에가 거의 똑같이 움직이는 것처럼 보였습니다. 그래서 갈릴레오는 자신의 맥박을 짚어 두 개의 샹들리에가 움직이는 주기를 측정해 보았습니다. 그랬더니 두 개의 샹들리에는 같은 주기로 움직이는 것을 알 수 있었습니다.

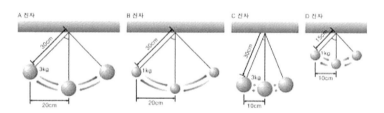

무게와 실의 길이에 따른 진자운동

따라서 진자 운동은 진자의 무게와는 관계없고 오로지 진자의 길이만이 움직임에 영향을 준다는 것을 알아내었습니다. 이것과 연관 지어 피사의 사탑에서 진행된 낙하 실험도 마찬가지 원리로 비교할 수 있습니다.

아리스토텔레스를 아직까지 믿고 따랐던 당시의 사람들은 당연히 무거운 것이 가벼운 것보다 먼저 떨어진다고 생각하였습니다. 하지만 갈릴레오는 진자 실험에서 무게는 운동에 아무런 영향을 미치지 않는다는 결과를 바탕으로 가설을 세우고 실험을 하였습니다.[3] 물론 실제 생활에서는 태양이 움직이듯이 당연히 무거운 것이 먼저 낙하합니다. 그것은 바로 공기 때문입니다. 실제로 달에 착륙한 우주인들이 무거운 망치와 깃털을 떨어뜨렸더니 동시에 떨어지는 것을 확인하였고 진공 속에서 실험한 것들도 무거운 것과 가벼운 것이 동시에 낙하한다는 것이 밝혀졌습니다. 갈릴레오는 비록 줄에 묶여 있는 진자지만 무게와 관계없이 움직이는 것을 바탕으로 무거운 물체와 가벼운 물체는 동시에 낙하 한다는 것을 알아내었습니다.

---

3) 실제로 피사의 사탑에서 실험이 진행되었다고 보는 사람은 드문 것이 요즘 학자들의 생각입니다. 그러므로 갈릴레오의 강점인 사고 실험을 하였다는 것이 맞을 것입니다.

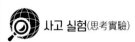
뉴턴의 관성을 만든 사고 실험

갈릴레오는 물체의 운동에 어떤 것들이 영향을 주는지 생각해 보았습
니다. 낙하 실험에서는 공기가 물체의 낙하를 방해한다는 것을 확인하
였습니다. 그러면 땅 위를 움직이는 물체가 정지하는 것도 운동을 방해
하는 어떤 힘 때문에 물체의 운동에 영향을 줄 수 있다는 것을 생각하
였습니다.

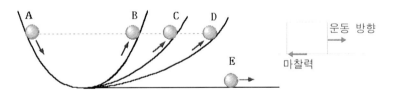

물체의 관성 운동과 마찰력[4]

---

4) http://study.zumst.com/upload/00-D22-71-37-04/3_7_e_%EB%A7%88%EC%B0%B0%EB%A
0%A51.jpg

먼저 A의 위치에서 둥근 공을 놓으면 똑같은 높이의 B의 위치까지 올라갑니다. 운동하는 면을 좀 더 넓히면 C와 D의 위치까지 공은 올라가게 됩니다. 실제로는 공이 곡선을 왔다 갔다 하다가 가운데 오목한 부분에 멈추게 될 것입니다. 이것은 운동 면에 작용하는 마찰력 때문입니다. 마찰력이란 물체의 운동을 방해하는 힘이라고 간단히 말 할 수 있습니다. 어기서 갈릴레이는 "만약에 마찰이 없다면 A에서 출발한 공은 멈추지 않고 영원히 움직일 것이다."라고 생각하였습니다. 이것이 바로 갈릴레오의 '관성'입니다.

관성이란 물체가 원래 가지고 있는 운동을 그대로 유지하려는 성질을 나타냅니다. 이 갈릴레오의 사고 실험이 나중에 뉴턴이 운동 3법칙을 만들어내는 데 아주 중요한 역할을 하게 됩니다.

갈릴레오는 엄청난 부자는 아니었지만 부유한 환경에서 자랐습니다. 하지만 가족들의 금전 문제가 늘 경제적으로 부족하게 만들었습니다. 그래서 돈을 벌기 위해 여러 가지 물건을 만들기도 하였는데, 가장 히트한 상품은 바로 컴퍼스입니다. 이 컴퍼스는 오늘날 원을 그리는 컴퍼스로 발전을 하지만 원을 그리는 것보다는 일종의 계산기 역할을 한 것입니다. 두 개의 다리가 벌어지는 각도에 따라 다양한 계산을 할 수 있었다고 합니다.

갈릴레오의 컴퍼스[5]

5) http://smart.science.go.kr/k3i/scienceSubject/cmm/thumMainImageView.action?subject_sid=260

갈릴레오의 가장 유명한 발명품 중 하나를 꼽으라면 바로 망원경입니다. 지금도 "누가 망원경을 발명하였나?"라는 질문을 받는다면 거의 모든 사람들이 갈릴레오라고 할 것입니다. 하지만 망원경을 최초로 발명한 사람은 네덜란드의 안경기술자 리퍼세이입니다. 리퍼세이는 안경을 만들다 우연히 볼록렌즈와 오목렌즈를 대보고 물체가 크게 보이는 것을 착안하여 망원경을 발명하게 됩니다.

당시 이탈리아의 갈릴레오도 리퍼세이가 발명한 망원경에 대해 알고 있었습니다. 그래서 자신은 더욱 정교하고 성능이 좋은 망원경을 만들기 위해 직접 렌즈를 갈고 갈아 성능이 개선된 망원경을 만들어 냅니다. '누가 먼저 망원경을 발명 하였는가' 에 대한 논쟁이 펼쳐졌지만 당시 이탈리아에는 교황이라는 권력자가 있었고, 판결을 내리는 장소 또한 이탈리아였기 때문에 갈릴레오는 결정을 내리는 관리를 찾아가 미리 망원경을 선물하였다고 전해집니다. 그래서 결국 망원경의 발명은 갈릴레오에게 돌아갑니다.

이 사건을 보면 갈릴레오가 자신의 목적을 달성하기 위해 정당하지 못한 행동도 서슴지 않았다는 것을 알 수 있습니다. 하지만 망원경을 개선하려고 직접 렌즈를 갈고 딱은 갈릴레오의 노력은 과학자의 정신이라고 할 수 있습니다. 그는 발명한 망원경으로 밤마다 하늘을 바라보았습니다.

갈릴레오는 자신의 망원경으로 달을 자세히 관찰하고 묘사했습니다. 그 당시 신이 우주를 만들었다는 지구 중심설이 강했는데 신이 만든 모든 행성은 매끈하다고 한 것과는 다르게 실제 달은 홈이 파이고 울퉁불퉁한 모습이라는 것을 발견했습니다. 그래서 갈릴레오는 신이 지구와 우주를 만들었다는 이야기에 의심을 하기 시작합니다.

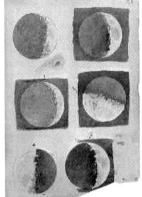

갈릴레오 망원경[6]　　　　달을 관측한 갈릴레오의 기록[7]

 굴절망원경의 원리

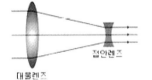

굴절망원경(갈릴레이식)

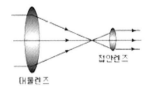

굴절망원경(케플러식)[8]

굴절망원경은 렌즈만으로 만들어진 망원경을 말합니다. 리퍼세이와 갈릴레이가 발명한 망원경은 눈을 대는 접안렌즈가 빛을 분산시키는 오목렌즈이므로 대물렌즈와 접안렌즈의 거리가 짧아 눈에 보이는 모양이 좀 작게 보입니다. 하지만 똑바르게 보이고 좀 더 큰 상을 얻기 위해 접안렌즈를 볼록렌즈로 바꾸어 단 케플러식 망원경이 있는데 이 망원경은 보이는 물체가 거꾸로 보입니다.

---

6) http://cfile2.uf.tistory.com/image/1649A40D4B72BB00511075

7) http://www.n2n.pe.kr/php/pds/pds5_files/img/0010030-3.jpg

8) http://2.bp.blogspot.com/-IEAIAsC2XLA/UO5-f4agjhI/AAAAAAAAG4/G2qXW6Op6DM/s400/817509_0.gif

갈릴레오와 목성 그리고 위성

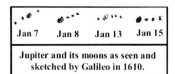

〈그림1〉 갈릴레오 목성 위성 관측일지[9]

〈그림2〉 목성 위성 이미지[10]

갈릴레오를 위대하게 만든 것 중 하나는 사람들의 생각을 우주로 넓혔다는 것입니다. 우주 관측에서 제일 유명한 것이 바로 목성의 위성입니다. 현재 목성에서는 대략 80여 개의 크고 작은 위성이 발견되었습니다. 갈릴레오가 발견한 4개의 위성은 크기가 큰 것입니다.

가니메데는 그 중 가장 큰 위성으로 그리스 신을 시중 들던 신의 이름으로 제우스가 사랑했다고 합니다. 목성의 이름이 주피터 즉, 신들의 왕인 제우스를 가리키는 것이니까 가장 큰 위성을 제우스를 시중드는 가니메데로 한 것은 아주 문학적인 발상이라고 할 수 있습니다.

두 번째로 큰 위성 칼리스토는 수성과 거의 같은 크기지만 수성보다는 가볍다고 합니다. 칼리스토 역시 제우스가 사랑한 여신입니다. 제우스는 헤라 몰래 칼리스토와 사랑을 나눴고 칼리스토는 동굴에 숨어서 아들 아르카스를 낳습니다. 이것을 알게 된 헤라는 칼리스토를 곰으로 만들어 버립니다. 커서 사냥꾼이 된 아르카스는 칼리스토가 변신한 곰을 만나게 되고 곰을 죽이려고 합니다. 그때 제우스가 칼리스토와 아르카스를 하늘로 올려 보내 큰곰자리와 작은곰자리를 만들어 버립니다. 즉 제우스가 사랑한 여인 칼리스토 역시 목성의 위성이 되었습니다.

갈릴레이가 발견한 4개의 위성 중 가장 유명한 것은 이오입니다. 이오 역시 제우스가 사랑한 여인의 이름입니다. 이오는 갈릴레오가 태양중심설을 확신한 위성이기도 하며, 케플러 운동의 법칙을 완성한 것과 관련 있는 위성이기도 하며, 나중에 올레 뢰머가 빛의 속도를 측정하는 데 사용한 위성이기도 합니다.

4번째 위성은 유로파입니다. 유로파는 그리스 신 에우로파에서 따온 이름입니다. 역시 제우스가 사랑한 여인입니다. 그녀는 황소로 변신한 제우스를 따랐다고 합니다. 그래서 황소자리가 되고 황소를 따라 여행한 곳이 지금의 유럽지역이라고 하며 유럽대륙의 이름도 이렇게 만들어졌다고 합니다.

<그림 1>은 갈릴레오의 목성의 4개의 위성 관측 자료이고, <그림 2>는 4개의 위성의 운동을 일자별로 알기 쉽게 정리한 것입니다. 가만히 살펴보면 일자별로 4개의 위성의 위치가 변함을 알 수 있습니다.

---

9) http://www.eg.bucknell.edu/physics/astronomy/astr101/calpages/Gal_Jup.jpg

10) https://encrypted-tbn1.gstatic.com/images?q=tbn:ANd9GcQe5kozpDFd4wxiKCLPV_
KjRZE8mPnWuF2bHVVNp2q-VOcNBFUr

관측을 이어가던 갈릴레오는 목성 4개의 위성을 발견하고 그 위성의 운동을 살펴봤습니다. 이 위성들은 목성을 중심으로 공전하고 있었습니다. 그렇다면 지구도 태양을 중심으로 공전하고 있는 태양의 위성에 지나지 않는다는 생각에 이르렀습니다. 이 당시 케플러도 갈릴레오에게 선물 받은 망원경으로 목성 위성을 관측했는데, 그 관측을 통해 행성궤도의 3가지 운동법칙을 발견하는 계기가 되었을 것입니다.

　당시에도 여전히 프톨레마이오스와 코페르니쿠스의 주장이 혼전하고 있었지만 여전히 아리스토텔레스의 후광을 입은 프톨레마이오스의 지구중심설이 받아들여지고 있었습니다. 갈릴레오는 코페르니쿠스의 지구중심설이 확실하다는 것을 알고 있었지만 명확한 증거를 들 수 없었습니다. 그러던 중 갈릴레오의 제자가 금성이 달처럼 위치에 따라 모양이 변하는 것을 관측할 수 있다면 그것은 태양중심설이 맞다는 강력한 증거가 될 수 있다고 이야기하였습니다. 그래서 갈릴레오는 금성의 위상 변화를 집중적으로 관찰하였습니다.

　하지만 금성은 지구의 안쪽에 있는 행성이기 때문에 관측하기가 쉽지 않았습니다. 그래도 쉬지 않고 금성의 위상변화를 관측한 갈릴레오는 결국 금성의 위상 변화를 관측할 수 있었고 지구가 움직인다는 확실한 믿음을 갖게 되었습니다.

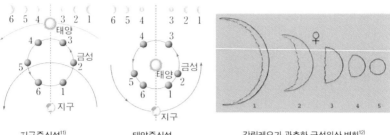

지구중심설[11]
프톨레마이오스 방식의
금성 위상변화

태양중심설
코페르니쿠스 방식의
금성 위상변화

갈릴레오가 관측한 금성위상 변화[12]

금성의 위상변화 원리를 살펴보면 다음과 같습니다. 프톨레마이오스의 지구중심설에는 태양과 지구 사이에 금성이 존재합니다. 물론 금성은 지구 궤도를 공전하지만 주전원이라는 원 궤도를 동시에 운동합니다. 그림을 자세히 살펴보면 주전원을 도는 금성은 절대로 둥근 보름의 모습을 볼 수 없습니다. 하지만 태양이 중심에 있고 지구와 태양 사이에 존재하는 금성은 보름달처럼 동그란 모양을 볼 수 있습니다. 갈릴레오는 금성의 보름을 관측하게 되고 결국 프톨레마이오스는 틀렸고 코페르니쿠스가 맞았다는 것을 확신하게 됩니다.

11) http://study.zumst.com/upload/00-N33-00-41-10/4_1_25_2_%EC%A7%80%EB%8F%99%EC%84%A42.jpg

12) http://cfile26.uf.tistory.com/image/23379E38522EC71E102606

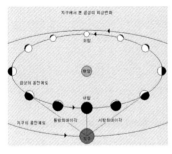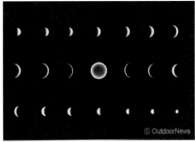

〈그림3〉[13] 실제 금성의 위상변화　　　　　〈그림4〉[14] 실제 금성의 위상변화

　　모든 사람들이 진실이라고 생각하는 지구 중심의 생각에서 그것이 아니라는 것을 증명하는 긴 여행이 이제 거의 도착점을 앞두고 있습니다. 갈릴레이의 치열한 관측은 지금도 상상할 수도 없는 일입니다. 그가 망원경이 있었다고 해도 지금의 망원경과 비교한다면 너무 보잘 것 없는 수준이었습니다. 당시 망원경의 수준은 지금 집에 하나씩 갖고 있는 쌍안경보다 성능이 좋다고 말할 수 없기 때문입니다. 단지 지금보다 나았을 것이라고는 대기가 아주 깨끗하고 맑았을 거라는 것입니다. 브라헤는 망원경도 없이 오로지 맨눈으로 그 많은 관측 자료를 만들었습니다.

　　갈릴레이가 위대한 최초의 과학자라는 것이 바로 자신의 생각(사고)에 근거하여 관측을 하였다는 것이며 자신의 생각을 검증하는 절차를 거쳤다는 것입니다. 이것이 바로 과학적 탐구 방법이라고 할 수 있습니다.

　　갈릴레오는 자신이 관측하고 실험한 결과를 『두 개의 주요 우주 체계에 대한 대화』 즉, 간단히 『대화』라는 책으로 펴냅니다. 교회의 간섭을

---

13) http://cfile22.uf.tistory.com/image/262AB344522EE906237863

14) http://www.outdoornews.co.kr/news/photo/201504/17733_54421_3051.jpg

피하기 위해 세 명의 주요 인물이 등장하여 대화를 나누는 형식으로 자신의 관측 결과를 설명했습니다.

세 명의 이름은 지구중심설을 주장하는 심플리치오, 태양중심설을 주장하는 살비아티, 그리고 중재자의 역할을 하지만 살비아티의 친구이며 태양중심설을 신뢰하는 사그레도 입니다. 등장인물이 그의 책에 그림으로 실려있는데, 자세히 살펴보면 아주 재미있습니다.

갈릴레오 『대화』 표지[15]

위의 사진에서 오른쪽에 있는 사람이 손에 들고 있는 것을 자세히 보면 밝게 빛나는 태양이 중심에 있고 그 바깥을 돌고 있는 지구입니다. 그러므로 이 사람은 태양중심설을 주장하는 인물입니다. 아마도 코페르니쿠스일 것입니다. 가운데 있는 사람은 모습으로 보아 지구 중심설을 주장하는 프톨레마이오스 또는 아리스토텔레스일 것입니다. 그리고 왼

---

15) https://upload.wikimedia.org/wikipedia/commons/8/8e/Galilei-weltsysteme_1-621x854.jpg

쪽에 있는 사람은 갈릴레오 자신일 수도 있습니다. 갈릴레오는 이 책에서 심플리치오가 만약 지구가 움직인다면 지금 이 순간에도 바람이 아주 거세게 불어야 하며 내가 계단 위에서 뛰어 내린다면 아주 멀리 날아가서 떨어지게 될 것이라 이야기합니다. 이에 대해 살비아티 즉, 갈릴레오는 등속으로 움직이고 있는 배의 선실을 비유하여 지구가 움직여도 아무 변화가 없다는 것을 설명합니다.

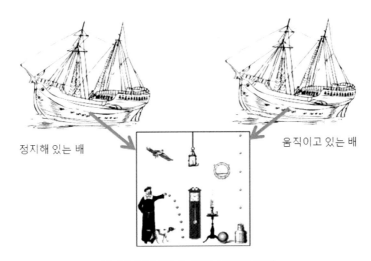

두 개의 배에서 움직이는 물체는 달라지지 않음[16]

돛을 단 배가 항구를 떠나 바다로 나아갈 준비를 하고 있습니다. 그 배 안에는 창문이 없는 선실이 있습니다. 그 선실에는 어항이 있으며 어항에는 금붕어 한 마리가 헤엄치고 있습니다. 그리고 나비 한 마리도 날아다니며 물통에서는 물이 한 방울씩 똑똑 떨어지고 있습니다. 그리고

---

16) http://hkpark.netholdings.co.kr/files/45/manual/107589/2703/galilei.PNG

선원 두 사람이 공을 던지며 주고받고 있습니다. 드디어 배가 출발했습니다. 배는 일정한 속도로 움직이고 있습니다. 선실 안에는 어떤 변화가 있을까요? 금붕어는 여전히 헤엄을 치고 있고, 나비도 여전히 자유롭게 날아다니며 물통의 물도 제자리에 떨어지고 있으며 두 명의 선원이 던지는 공도 여전히 일정한 방향으로 움직이고 있습니다. 갈릴레오는 지구도 등속으로 움직이고 있기 때문에 지구에 있는 모든 것들의 움직임은 아무 변화가 없다고 주장하였습니다.

이것을 갈릴레오의 상대성이라고 하는데, 후에 아인슈타인에게 많은 영감을 주게 되어 특수 상대성 이론을 만들어 내는 데 꼭 필요한 필수 영양분이 됩니다.

상대성 이야기

정지해 있는 자동차와 움직이는 자동차에서의 공의 운동은 자동차 밖에서 보면 달라 보임[17]

등속(일정한 속도)으로 달리고 있는 자동차에서 공을 위로 던지면 그대로 떨어져 받을 수 있다. 차에 있는 사람 입장에서 보면 공은 아래위 수직으로 직선 운동을 한다. 하지만 차 바깥에 있는 사람이 볼 때는 차가 움직이는 것만큼 공도 움직이게 보여 곡선 운동을 하는 것으로 보인다. 이것이 바로 운동하는 물체를 볼 때 관측자의 위치에 따라 같은 운동이 다르게 보인다는 것이다. 이것이 뒤에 아인슈타인의 특수 상대성 이론의 기초가 되고 움직이는 곳의 시간이 더욱 천천히 가는 현상(시간지연효과)이 나타나게 된다.

---

17) http://www2.hesston.edu/Physics/RelativityJP/GalileanRelativity.JPG

어쨌든 『대화』를 출판하기 위해서 갈릴레오는 많은 위험을 느꼈을 것입니다. 왜냐하면 얼마 전 조르다노 브루노가 교회의 주장에 반대되는 우주 이야기를 했다가 화형을 당했기 때문입니다.

갈릴레오는 당시 교황과 어릴 적 같은 동네에서 자라 잘 알고 있는 사이이기도 했고 당시 분위기도 갈릴레오의 책이 크게 문제가 되지 않았습니다. 그러나 현대에는 갈릴레이가 종교재판을 받은 이유에 대해 몇 개의 증명되지 않은 이야기들이 있습니다. 그중에 가장 대표적인 것이 갈릴레오가 고문을 이기지 못해 지구는 돌지 않는다고 이야기한 후 집으로 돌아오는 길에 "그래도 지구는 돈다."라고 말했다는 것입니다.

두 번째는 당시 흑사병이 돌고 사회가 뒤숭숭한 분위기에 처하자 추기경 한 사람이 갈릴레이의 『대화』에 등장인물인 심플리치오가 교황을 나타낸다고 교황에게 이간을 합니다. 그래서 결국 갈릴레오는 70살이 된 늙은 몸을 이끌고 교황청에서 심문을 받게 됐습니다. 성경에 '하느님께서 지구를 단단한 돌 위에 굳건히 만들었다.'는 내용이 있기 때문에 갈릴레오가 심문을 받게 되는 것이지요. 굳건히 만든 돌 위의 지구는 움직일 수 없는 노릇이기 때문입니다. 또한 당시에 전기의 힘을 정리하여 발표한 길버트는 교회의 주장과 반대되는 이야기를 했는데 갈릴레오가 길버트를 지지한 적이 있다는 것과, 책이 교회의 공식 문자인 라틴어로 쓰이지 않고 이탈리아어로 쓰였다는 점(훈민정음 창제당시 신하들이 한글은 천박하여 쓰지 말고 한자를 계속 써야 된다는 논쟁과 거의 비슷) 등의 이유도 있습니다. 하지만 갈릴레오는 매우 영특하고 정치적인 사람이라서 이런 이유보다는 그가 책의 표지에 그려 넣은 돌고래 그림 때문이라는 주장도 새롭게 전개되고 있습니다.

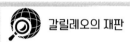

갈릴레오의 재판

역사적 추론에 의하면 갈릴레오는 예수회의 음모에 빠지게 되었거나 단순히 그의 책 표지에 있는 돌고래 문양이 오해를 받아 종교 갈등의 수렁 속으로 빠져들게 했을 수도 있다. 돌고래를 뜻하는 돌핀(dolphin)은 프랑스의 황태자를 가리키는 도핀(dauphin)을 뜻하기도 했다. 당시 프랑스는 신교를 지지하고 있었기 때문에 구교를 지지하는 예수회 입장에서는 그 그림을 반역으로 보았던 것이다. 돌고래 문양은 단지 갈릴레오의 책을 출판한 회사의 심벌마크였을 뿐인데 신교도와 구교도가 대립했던 시대적 상황으로 인해 그런 오해가 생겼을 것으로 보인다. 여하튼 갈릴레오의 책이 자신의 체면을 손상시켰다고 생각한 교황 우르바누스 8세는 그를 종교재판에 회부하게 된다.

– 과학의 향기 '갈릴레이 종교재판의 진실': 최원석 내용 중 발췌[19]

갈릴레오재판 장면(오른쪽이 갈릴레오)[19]

어떠한 경우든 갈릴레오는 종교재판 이후에 집 밖으로 나올 수 없는 벌을 받게 됩니다. 망원경으로 태양을 관측하다 잘못하여 시력도 거의 잃어가는 중에도 그는 『새로운 두 과학에 대한 논의와 수학적 논증』이라는 책을 완성합니다. 이 책에는 진공상태의 운동, 진자운동, 등속 운동, 가속 운동, 관성, 물체의 힘과 운동에 관한 거의 모든 것들을 수학적으로 서술해

---

18) http://www.hani.co.kr/arti/science/kistiscience/305540.html

19) http://ncc.phinf.naver.net/webtop01/2009/2/25/38/1.gif

내었습니다. 이것은 이후 뉴턴의 운동법칙에도 많은 영향을 주게 되고 과학의 발전이 기술의 발전으로 이어지는 계기를 만들게 됩니다.

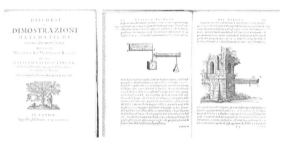

『새로운 두 과학에 대한 논의와 수학적 논증』[20]

갈릴레오는 1642년 74세의 나이로 세상을 떠났습니다. 아인슈타인은 갈릴레오 갈릴레이를 현대 과학의 아버지라고 불렀습니다. 그리고 그해 크리스마스 날 그를 거인이라고 불렀던 뉴턴이 태어납니다.

지구의 나이

갈릴레오와 케플러의 연구 결과와 함께 망원경을 만드는 기술의 발달로 하늘을 관측하는 사람들은 점점 많아지고 관측하는 시간도 늘어났습니다. 그래서 지구가 더 이상 우주의 중심이 아니라는 증거에 관한 정보들이 늘어나기 시작했습니다. 물론 교회에서도 이러한 변화를 감지하고 태양 중심 우주 모델을 받아들이는 분위기가 나타나고 있었습니다. 하지만 여전히 많은 사람들은 신이 우주를 창조하였다고 믿고 있었습니다.

---

20) http://www.christies.com/lotfinderimages/d50841/d5084169x.jpg

어쩌면 지금도 신이 우주를 창조하였다고 믿는 사람들이 그 때보다 더 많을지도 모릅니다. 왜냐하면 아직도 하늘을 보면 태양이 움직이고, 별들이 나를 중심으로 회전하고 있기 때문이며, 여전히 무거운 물체는 가벼운 물체보다 먼저 떨어지고 바다 끝은 동그랗기보다는 평평하고 넓게만 보이기 때문입니다.

자연이라는 것이 지식으로 받아들여져 합리적인 증거를 바탕으로 세상을 이해하기 전까지는 생활에서 직접 몸으로 체험하는 것들이 가장 올바른 해답이 되는 것입니다. 왜냐하면 알려고 노력하기 전까지는 모르는 것이며, 안다고 하더라도 알고 있는 것에 대해 몇 개의 증거를 갖고 있지 못하면 안다고 할 수 없는 것이 과학이기 때문입니다. 만약 어린 동생에게 "무거운 것과 가벼운 것이 동시에 떨어진다."라는 것을 설명할 때 동생이 "그럼 한 번 해 보자."라고 이야기 한다면 몹시 난처해집니다. 이 간단한 문장을 과학적으로 이해하기 위해서는 갈릴레오 실험과 달과 진공상태에서 이루어진 많은 실험들을 확인하고 또 다른 간단한 실험을 동원하여 이야기하여야 합니다. 설령 동생에게 무게와 크기가 똑같은 펼쳐진 종이와 뭉쳐진 종이를 동시에 떨어뜨려 어느 정도 확인시켜 준다고 하더라도 동생의 머릿속에 기억되어 있는 "무거운 것이 가벼운 것 보다 먼저 떨어진다."라는 생각은 좀처럼 바뀌기 어려울 것입니다.

더 간단히 이야기하면 지구가 우주의 중심이라고 생각하여도 생활하는 데는 아무런 지장이 없기 때문입니다. 하지만 태양이 우주의 중심이라는 과학적 지식을 갖고 있다면 모르고 있는 것보다 더 아름다운 세상을 볼 수 있는 준비가 되어있습니다. 지구가 우주의 중심이 아니라는 생각으로부터 '이 우주는 어떻게 만들어졌는가?'와 같은 질문을 만들었고, 이러한 질문에 답을 찾는 과정에서 인간과 사회는 발달하는 것입니다.

과학뿐만 아니라 이러한 질문에 대한 답을 찾으면서 만들어지는 상상력은 문학과 예술에도 영향을 줍니다.

태양이 우주의 중심인가 지구가 우주의 중심인가에 대한 의견이 분분하고 무엇인가 확정되지 않았지만 태양이 우주의 중심이라는 생각이 모이고 있었습니다. 하지만 많은 사람들은 쉽게 포기하지 않았습니다. 태양이 우주의 중심인 것이 맞더라도 태양뿐만 아니라 이 우주는 신이 만들었다는 이야기가 자연스럽게 옮겨 가고 있었습니다. 그래서 또 하나의 질문이 만들어 집니다. "그래. 그럼, 신이 이 지구를 만들었다면 언제 만들었는가?"입니다. 이제 이 질문에 대한 답을 찾아야 합니다.

먼저 이 질문에 대한 답을 찾으려 나선 사람들은 바로 교회의 성직자들이었습니다. 그들은 성경을 해석하여 신이 지구를 만든 시간을 찾았지만 저마다 해석이 일치하지 않고 많은 차이를 보였습니다. 그때 1624년 북아일랜드의 주교 제임스 어서(James Usher 1581-1656)는 수많은 성경책을 연구하고 검토하고 계산하여 지구 나이가 기원전 4004년 10월 22일 오후 6시라고 발표했습니다. 그러니까 지구 나이가 거의 6천 년인 것입니다.

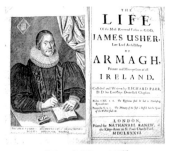

제임스 어셔와 그의 책[21]

---

21)http://scriptoriumdaily.com/wp-content/uploads/2009/10/Ussher.jpg

지구 나이가 6천 년이라는 것은 150년이 넘는 시간 동안 많은 사람들이 받아들였습니다. 그러니까 당시 일반인들뿐만 아니라 과학을 한다는 사람들에게 "지구 나이가 얼마나 되었습니까?"라고 질문하면 모든 사람들이 "지구 나이는 6,000살입니다."라고 답한 것입니다. 물론 그 기간에도 지구 나이를 실제적 실험으로 탐구한 사람이 있습니다. 1760년 프랑스의 뷔퐁(2부에서 등장)은 '지구는 아주 단단한 철과 같은 물질로 만들어져 있고 지구가 만들어졌을 당시에는 아주 뜨거웠을 것이기 때문에 크기가 서로 다른 철구를 가열하고 그것이 완전히 식는 데 걸리는 시간을 측정하면 지구 나이를 알 수 있을 것'이라고 생각하고 실험을 하였습니다. 실험 결과는 놀랍게도 어서의 육천 년을 훨씬 뛰어넘는 나이가 만들어졌습니다. 그 나이는 75,000년입니다. 당시에는 아주 놀라운 실험 결과로 모든 사람들이 알고 있던 나이보다 무려 10배가 넘었습니다.

뷔퐁(Georges-Louis Leclerc, Comte de Buffon 1707-1788)은 백작의 신분을 가지고 있었으며 『박물지』라는 책을 통해 생명의 역사를 통찰력 있게 저술하여 당시 많은 사람들이 이 책을 읽었다고 합니다.

뷔퐁과 그의 책 『박물지』[22]

---

22) 뷔퐁: http://www.blc.arizona.edu/courses/schaffer/449/Buffon/Buffon-American%20 Degeneracy_files/Buffon_younger.jpeg
박물지: http://web.colby.edu/bkcook/files/2012/11/hn.jpg

하지만 당시 사람들은 지구 나이에 그리 많은 관심이 없었습니다. 그 것은 과학자들도 마찬가지였습니다. 과학자들은 전체적인 자연의 질서 보다는 부분적인 자연의 원리에 관심이 있었습니다. 그중 하나가 바로 인간에 대한 관심이었습니다. '서로를 바라보며 우리 인간은 다른 생명 들과 어떻게 구별되는가?' 인간이 특별한 존재이기는 한데 어떻게 특별 한 존재가 되었는가에 대한 답을 찾는 것은 어쩌면 아주 당연한 일인지 도 모릅니다. 그러다가 지구 나이가 육천 년 또는 칠만 년이라는 시간은 너무 짧다는 것에 대한 의심이 시작되었습니다. 그 계기는 바로 다윈의 책『종의 기원』의 출판입니다. 즉 인간이 현재의 모습으로 진화하기 위 해서는 엄청난 시간이 필요하다는 인식이 나타난 것이지요. (2부에서 자세 히 다룹니다.)

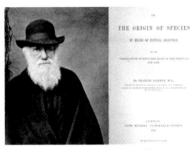

다윈과 그의 책 『종의 기원』[23]

2부 생명에 관한 이야기에서 자세히 다루겠지만 자연선택에 의한 생 명의 진화는 엄청 느리게 진행됩니다. 단지 육천 년 만에 세상의 모든 생명이 만들어졌다는 것은 믿으려고 노력해도 도저히 믿기 어려운 시간

---

23) http://image.aladin.co.kr/Community/paper/2012/1215/pimg_757541157807486.jpg

입니다. 그러던 중 20세기를 맞이하여 퀴리 부부가 라듐을 발견해 방사능 물질의 존재가 밝혀지고 방사성 원소를 이용한 화석과 물질의 연대를 측정하는 방법이 세상에 알려지면서 지구 나이는 점점 늘어나게 됩니다.

 방사성 동위 원소 연대측정법

문화재나 암석 등의 나이를 밝히는 가장 일반적인 방식이 바로 방사성 동위 원소를 이용하여 측정하는 방법입니다. 이 방법을 완벽하게 이해하기란 매우 어려운 일이지만 간단히는 이해할 수 있습니다. 모든 물질은 방사능 물질을 가지고 있습니다. 방사능 물질은 시간이 지날수록 다른 물질 즉, 동위 원소로 변하게 되는데 이때 걸리는 시간을 반감기라고 합니다. 반감기는 모든 물질마다 다릅니다. 그러므로 최초 방사능 물질의 양을 정해놓고 어떤 물질의 나이를 알기 위해 동위 원소의 양을 측정하면 반감기를 이용하여 처음 시간을 추측할 수 있습니다. 이 방법이 바로 방사성 동위 원소 연대측정법입니다.

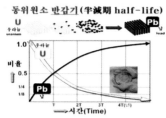

<그림5>우라늄이 납으로 변하는 시간[24]

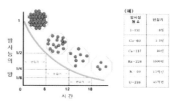

<그림6>여러 가지 물질의 반감기[25]

<그림 5>는 우라늄이 붕괴하여 납으로 변하는 동안 흐른 시간을 나타냅니다. <그림 6>은 물질마다의 반감기 시간을 나타낸 것입니다. 표를 보면 우라늄의 반감기는 45억 년입니다. 그러므로 우라늄의 양이 반씩 사라지고 납이 늘어날 때 마다 45억 년의 시간이 지나는 것을 알 수 있습니다.

24) http://blog.godpia.com/Data/Post/2009/6/5/20090605102249.jpg

25) http://cfile24.uf.tistory.com/image/244F5E4855BF5D251CA199

현재 지구 나이를 밝혀낸 인물은 미국의 클래어 패터슨(Clair Cameron Patterson, 1922-1995)입니다. 패터슨은 지도교수로부터 지구 나이를 한번 계산해 보라는 조언을 듣고 쉬울 것이라는 생각으로 시작했다고 합니다. 방사성 연대측정법을 이용하면 아주 단순하게 해결될 것이라고 생각했기 때문입니다.

하지만 곧 큰 어려움을 만나게 됩니다. 연대를 측정하려면 지구에서 가장 오래된 물체 또는 물질을 찾아야 하기 때문입니다. 지구에서 가장 오래된 것이 과연 무엇일까요? 이때 패터슨은 놀라운 생각을 하게 됩니다. 지구에서 가장 오래된 것은 바로 지구가 생성될 때 지구와 충돌한 운석이라는 것입니다.

원시 지구가 만들어질 때 아주 많은 운석이 지구와 충돌했습니다. 달도 거대한 운석인 '테이야'의 충돌로 만들어 졌다고 합니다. 패터슨은 미국 근처에 있는 가장 규모가 큰 운석의 충돌 지점을 찾았습니다. 그 곳이 바로 캐니언 디아블로 운석공입니다.

운석공

패터슨

1953년 패터슨이 시료를 분석하여 얻어낸 지구 나이는 45.5억 년이라고 합니다. 현재의 지구 나이 46억 년과 거의 일치하는 나이입니다. 패터슨은 지구 나이를 알아내는 것뿐만 아니라 환경운동에 많은 영향을 주었습니다. 특히 대기 중의 납 농도를 획기적으로 줄이는 운동에 앞장 섰습니다. 당시 석유회사들은 자동차의 생산과 함께 많은 돈을 벌었습니다. 하지만 석유에는 납 성분이 많이 들어있었습니다. 패터슨은 지구 대기와 물에 있는 납 성분은 과거에는 존재하지 않았는데 지금 존재하는 것은 모두 휘발유에 포함된 납 때문이라고 생각하였습니다.

패터슨은 석유회사의 위협에도 불구하고 그 증거를 찾기 위해 생명을 건 탐사를 시작하였습니다. 결국 패터슨은 지구 나이를 측정하는 데 필요한 방법을 찾아낸 것과 같은 방법으로 지구 대기와 물에 존재하는 납이 언제부터 생기기 시작했는지의 증거를 빙하에서 찾아냅니다. 빙하는 지구의 대기와 물이 고스란히 녹아 있는 마치 얼음지층이라고 할 수 있습니다. 패터슨은 빙하를 수직으로 뽑아내어 납 성분을 측정했습니다. 그 결과 휘발유를 사용한 시기와 대기 물에 녹아 있던 납이 빙하에 남긴 시간과 연대가 일치하였습니다. 이것으로 모든 휘발유에는 납 성분을 없앤 무연휘발유가 사용되었다고 합니다. 패터슨이 아니었다면 지금 우리는 암으로 고생하고 있을 지도 모를 일입니다. 납은 대표적인 발암물질의 하나이기 때문입니다.

지구 나이에 관한 과학자들의 노력을 뉴턴 얘기를 하기 전에 언급하는 이유는 지구 또한 우주의 일원이기 때문입니다. 특히 지구는 우주가 무엇인지를 밝히는 인간들이 살아가는 행성입니다. 지구 나이는 우주 나이를 결정하는 기준이 됩니다. 모든 것의 증거는 지구에서부터 찾을 수 있기 때문입니다. 이제 지구를 조금 벗어나 우주로 나아갈 시간이 되었습니다. 그 첫 걸음은 뉴턴입니다.

우주의 원리를 밝힌 뉴턴

갈릴레오가 세상을 떠난 날 세상에 태어난 뉴턴의 이야기로 돌아가
보겠습니다. 태양이 우주의 중심이라는 생각은 과학자와 교회의 성직자
들은 이제 당연하게 받아들이게 되었습니다. 앞에서 이야기하였지만 수
많은 관측 증거들이 더 이상 지구를 중심에 둘 수 없게 만들었습니다.
그래서 또 하나의 질문이 만들어집니다. "우주는 어떻게 움직이는 가?"
입니다.

뉴턴의 업적을 순서대로 두 가지 꼽으라고 한다면 첫 번째는 '만유인
력', 즉 중력에 관한 이론이고 두 번째는 빛에 관한 내용입니다. 그리고
그가 한 말 중에 가장 유명한 말을 꼽으라고 한다면 바로 "거인의 어깨
위에 올라서서…"입니다.

"If I have seen further it is by standing on the shoulders of Giants."

이 말은 뉴턴의 겸손을 표현했다는 것이 보편적인 생각이겠지만 실상
은 그렇지 않습니다. 이 말은 겸손과는 거리가 아주 멀고 한 사람을 조
롱하기 위한 말입니다. 그 사람은 바로 현미경을 발견한 로버트 훅(Rob-
ert Hooke, 1635-1703)입니다. 훅은 뉴턴보다 8년 먼저 태어났습니다.

훅은 우리가 잘 알다시피 현미경을 사용하여 최초로 '세포'를 관찰한
인물이며 세포(cell)라는 말을 만든 사람이기도 합니다. 갈릴레오가 망원
경으로 저 넓고 어두우며 신비로운 반짝이는 별들이 가득한 우주를 우
리에게 선물하였다면 훅은 우리 눈에 보이지 않는 아주 조그마한 세상
을 우리에게 선물한 사람입니다.

로버트 훅[26]

훅은 알려진 바와는 반대로 아주 성실하고 겸손하며 부지런하기도 하고 진실된 사람이었다고 합니다. 그런데 왜 반대로 알려졌는지에 관해서 지금부터 이야기하도록 하겠습니다. 그렇다고 누구를 불쌍히 여기거나 싫어할 필요는 없습니다. 그것이 바로 역사이기 때문입니다.

훅은 손재주가 아주 뛰어나고 그림도 잘 그렸다고 합니다. 부유하지 못했던 생활로 인해 늘 열심히 일할 수밖에 없었으며, 일하던 와중에도 쉬지 않고 자신의 관심 분야를 집중적으로 연구하였습니다. 한때는 보일의 조수로 일하면서 유명한 '보일의 법칙'을 완성하는 실험기구들을 직접 만들었습니다. 그 덕에 보일이 실험을 할 수 있었고 '보일의 법칙'이라는 위대한 발견을 할 수 있었습니다.

---

26) https://upload.wikimedia.org/wikipedia/commons/4/48/17_Robert_Hooke_Engineer.JPG

우리가 꼭 알아야 할
두 가지
과학 이야기

숲과 빌딩 숲에서 발전과 퇴보 경험하기

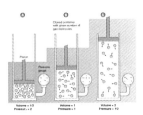

압력에 따른 부피 감소[27]

보일의 법칙[28]

훅이 보일과 함께 발명한
에어펌프 의 설계도면[29]

그리고 훅은 영국왕립학회의 일도 아주 열심히 하였습니다. 정기적인 강연이나 과학실험 이외에도 강연을 앞둔 사람이 일이 생겨 발표를 진행하지 못할 때는 자신이 대신 실험과 강연을 진행하였고, 다른 과학자들이 발표한 내용이나 실험도 알기 쉽게 설명하는 일도 도맡아 하였다고 합니다.

그리고 훅은 광학(光學)에 대해 아주 관심이 많았습니다. 그래서 렌즈를 이용하여 현미경을 만들어 최초로 세포를 관찰하고 '마이크로피아'라는 작은 세상에 관한 책을 출판하게 됩니다.

광학(光學)에 관심이 많았던 훅은 뉴턴과도 많은 편지를 주고받으며 자

27) https://upload.wikimedia.org/wikipedia/commons/4/48/17_Robert_Hooke_Engineer.JPG

28) http://202.20.99.17/-jjkim/Lecture/Animalphy/Ch11Gasexchange/1119.jpg

29) http://study.zumst.com/upload/00-d33-00-11-06/%EB%B3%B4%EC%9D%BC%20
%EB%B2%95%EC%B9%992.png

훅의 현미경[30]

마이크로피아[31]

신의 연구를 알렸다고 합니다. 자, 지금부터 마음을 차분히 하고 들어주셔야 합니다. 왜냐하면 우리가 알고 있는 정 반대의 이야기가 진행되기 때문입니다.

혹시 '뉴턴의 고리'라는 말을 들어보셨나요. 이것은 평평한 유리판 위에 볼록렌즈를 올려두면 빛의 간섭에 의해 볼록렌즈의 테두리에 둥근 고리들이 만들어지는데 이러한 현상을 '뉴턴의 고리'라고 합니다. 뉴턴은 렌즈에 나타나는 이러한 현상이 관측을 방해하기 때문에 반사망원경을 만들게 됩니다.

이러한 현상은 빛의 파동과 간섭 때문에 생기는 것으로 이 원리는 훅의 마이크로피아에 그 내용이 전해지며 실제로 뉴턴과의 편지에도 이 고리에 대한 내용이 언급되었다고 합니다. 그렇다면 이 고리는 누구의 고리라고 해야 맞을까요?

---

30) http://micro.magnet.fsu.edu/primer/museum/images/hooke.jpg

31) http://s3.amazonaws.com/flysfo.proofic.net/default/sfo_museum/images/exhibitions/international_terminal/microscopes/hooke.jpg

빛의 간섭, 고리 그리고 반사망원경

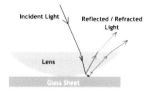

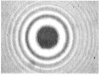

<그림7> 빛의 간섭에의 만들어진 고리[32]　　　　〈그림8〉 반사망원경 뉴토니안[33]

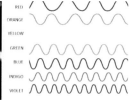

<그림 9> 프리즘을 통과한 빛과 파장에 따라 달라지는 색 변화

빛은 직진하는 성질을 가지고 있지만 파동이기도 합니다. 그러므로 렌즈를 통과한 빛들은 파장에 의해 일곱 가지 색깔로 나누어집니다. 파장이 가장 긴 빨강색부터 가장 짧은 보라색으로 나누어집니다. 이 현상에 의해 <그림 7>에서 렌즈를 통과한 빛은 평면유리에 반사되어 되돌아 나오면서 파장에 의해 굴절각의 크기가 달라져 위에서 보면 <그림 8>처럼 서로 다른 파장에 의해 동그란 무늬가 생깁니다. 뉴턴은 렌즈를 이용한 굴절 망원경으로는 고리 현상 때문에 관측이 어려워서 렌즈를 없애고 거울을 이용한 반사망원경을 발명합니다. <그림 9>과 같이 뚫린 원통형 구멍으로 빛이 들어오면 그 빛은 안쪽에 붙어 있는 오목거울에 비치고 가운데 있는 기울어진 거울로 모이게 됩니다. 가운데 있는 거울은 빛을 다시 접안렌즈와 그 배율에 따라 상이하며 자세히 보이게 됩니다. 이 뉴토니안 덕분에 더 많은 우주를 관측할 수 있었습니다.

---

32) http://www.library.tudelft.nl/uploads/RTEmagicC_citycollegiate-newtonian_rings_01.png.png

33) https://frostydrew.org/graphics/courses/newtonian.gif

혹은 빛의 파동과 프리즘에 관한 연구도 진행하였다고 합니다. 백색 광이 프리즘을 통과하면 7개의 빛으로 나누어지는 실험도 역시 혹이 진행하였다고 합니다. 단지 다른 점은 뉴턴은 아주 치밀한 계획과 설계를 통해 실험을 했고 그것을 아주 아름답게 수학적으로 설명할 수 있었다는 것입니다. 그렇지만 뉴턴의 아이디어는 혹으로부터 시작되었다고 볼 수 있습니다. 그렇다면 자신의 책에 혹의 이름을 언급하는 것이 예의라고 할 수 있습니다. 그렇지만 뉴턴은 혹이 죽고 나서『광학』이란 책을 발표합니다. 물론 혹의 이름은 빠져 있습니다.

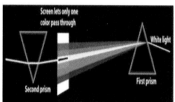

뉴턴 빛의 분산 실험[34]

아마도 혹은 뉴턴이 매우 미웠을 것입니다. 뉴턴은 혹의 항의에 대꾸조차 하지 않았습니다. 왕립학회에서는 두 사람의 싸움이 오랫동안 지속되지 않도록 중재를 나섰습니다. 결국 마음이 좋은 혹은 뉴턴에게 사과 편지를 씁니다. 그 내용을 간추리면 "나의 연구를 이어갈 사람이 있다면 그것은 바로 당신입니다."입니다. 이에 대한 답장으로 뉴턴은 앞에서 말한 그 유명한 말로 답장을 보냅니다.

---

34) http://www.peace-files.com/QF-L-10/13_C_Newton-Prism-Right.gif

"만약 제가 더 먼 곳을 봤다면, 그것은 거인들의 어깨 위에 서 있기 때문입니다."

여기서 말하는 거인은 누구일까요? 그것은 바로 코페르니쿠스, 갈릴레오. 케플러를 이야기합니다. 결국 훅은 뉴턴이 말한 거인에서 제외되고 지금까지 세포의 발견, 훅의 법칙으로만 이름을 전하게 됩니다.

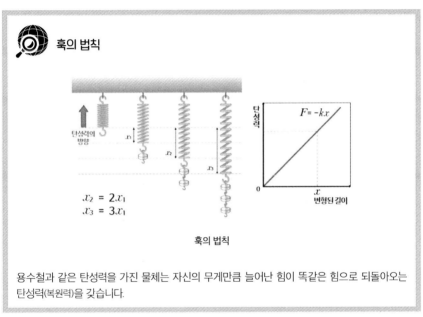

훅의 법칙

$$x_2 = 2x_1$$
$$x_3 = 3x_1$$

$$F = -kx$$

훅의 법칙

용수철과 같은 탄성력을 가진 물체는 자신의 무게만큼 늘어난 힘이 똑같은 힘으로 되돌아오는 탄성력(복원력)을 갖습니다.

〈그림출처〉: http://if-blog.tistory.com/5361

뉴턴의 만유인력의 기본적인 아이디어 또한 훅의 강의록에서 시작되었습니다. 또 그의 강의록에는 모든 천체는 그 중심으로 가해지는 힘이 존재하는데 이것 때문에 행성들은 직선으로 운동하지 않고 원, 타원 등의 곡선 운동을 하게 된다는 중력에 관한 내용도 있었습니다. 달은 원래 직신으로 운동하려고 하는데 지구가 당기는 힘 즉, 중력 때문에 지구에 붙들려 지구 주위를 회전 운동한다는 것입니다. 그리고 뉴턴에게 보내는 편지에는 행성이 서로 잡아당기는 인력은 거리의 제곱에 반비례한다는 이야기를 하기도 합니다. 행성 운동에 관한 이러한 이야기는 훅만 알고 있었던 것이 아니라 당시 지식인들도 알았다고 합니다. 단 그것이 어떻게 이루어지는지 수학적으로 밝힌 사람이 없었던 것입니다. 그것을 수학적으로 아름답게 정리한 사람이 바로 뉴턴입니다.

세상의 원리를 설명한 뉴턴

뉴턴[35]

뉴턴(Sir Isaac Newton, 1643-1727)은 아주 고집이 세고 괴팍하였다고 합니다. 어렸을 때 부모로부터 버림받았던 기억 때문이라고도 합니다. 대학을 다닐 때는 돈을 받고 친구들을 깨우는 일을 하였는데, 한 푼의 오차

---

35) http://www.newtoncollege.com/_/rsrc/1306185587210/sir-issac-newton-s-biography/
newton5.jpg?height=276&width=400

도 없이 매정스러울 정도로 정확하게 돈을 받아내었다고 합니다. 흑사
병이 유행하자 고향인 울즈소프로 내려가 우리가 알고 있는 사과나무
아래에서 발견한 만유인력, 프리즘 실험 등 물리학과 광학에 대한 다양
한 연구를 진행하였습니다.

울즈소프의 고향집[36]

사과나무 아래의 뉴턴[37]

　모든 위대한 인물이 그렇듯 뉴턴과 사과에 대한 이야기도 그것이 진실
인지 아니면 만들어진 이야기인지에 대해 의견이 분분합니다. 하지만 진실
과 거짓을 떠나 뉴턴의 사과는 오랫동안 사람들에게 흥미로운 이야기와
함께 과학 탐구와 발견의 이야기를 만드는 스토리를 제공하였습니다.
　뉴턴은 과학 업적으로는 놀랄만한 성과를 이루었지만 훅의 이야기에
서 볼 수 있듯 인간적인 면에서는 연민을 느낄 정도였습니다. 그러나 지
칠 줄 모르는 학문에 대한 열정과 끈기 있는 탐구정신은 그 어떤 위대
한 인물과 견주어도 손색이 없습니다. 또한 놀라운 수학적 능력은 그의

36) http://www.sehwapub.co.kr/books/data/geditor/1204/239022290_5cca44e4_25B1_NE7E1.
　　JPG

37) http://pds2.egloos.com/pds/1/200510/22/07/c0042807_9452858.jpg

위대한 걸작인『프린기피아』를 통해 지금도 생생하게 살아 숨 쉬고 있습니다. 장난감 자동차의 운동에서부터 자동차가 움직이고 비행기가 날아가고 우주를 향해 쏘아 올려지는 로켓과 인공위성 운동 등 지구 안에서 이루어지는 모든 물체에 대한 운동 원리는 뉴턴의 만유인력(중력 이론)으로 간단히 설명 가능합니다.

행성의 운동을 밝힌 만유인력의 수학적 설명

뉴턴을 이야기할 때 꼭 빠질 수 없는 사람은 바로 핼리 혜성을 발견한 에드먼드 핼리(Edmond Halley, Edmund 1656-1742)입니다. 당시 핼리는 왕립학회 회원으로써『어류의 역사』라는 책에 많은 돈을 들여 출판하였는데 잘 팔리지 않아 많은 고민을 하고 있었습니다. 핼리는 로버트 훅, 유명한 건축가 크리스토퍼 랜과 함께 카페에서 만유인력에 대한 거리의 제곱에 반비례한다는 것을 수학적으로 증명해 내는 사람에게 돈을 주기로 내기를 합니다. 로버트 훅은 자신에게 시간을 좀 주면 해결할 수 있다고 했지만 결국은 실패합니다. 핼리는 당시 수학으로 유명한 뉴턴을 찾아가 이 문제를 이야기합니다.

에드먼드 핼리

핼리혜성

핼리혜성[38]

핼리혜성은 관측하고 예측한 에드먼드 핼리의 이름을 딴 혜성입니다. 약 75-76년을 주기로 지구에 접근하는 혜성입니다. 지구에서 망원경을 사용하지 않고 관측 가능한 유일한 혜성이기도 합니다. 1986년에 관측되었으며 다음 관측 시기는 2061년 여름이 될 것으로 예상하고 있습니다.

뉴턴은 핼리의 질문을 받고 그것에 관한 수학 정리는 벌써 해결했다고 이야기합니다. 핼리가 보여 달라고 하자 산더미 같이 쌓여있는 자신의 서재를 이리저리 뒤적이다 어디에 두었는지 모르겠다는 말과 함께 그 수학식은 금방 다시 계산할 수 있으니 잠시만 기다려 달라고 합니다. 핼리는 뉴턴이 건넨 만유인력에 관한 수학적 정리를 받아들고 너무나 감동했습니다. 그래서 혹과의 불편한 관계도 있고 하니 이 수학계산을 바탕으로 책을 펴내는 것이 좋겠다고 이야기합니다. 뉴턴이 고민하자 모든 비용은 자기가 다 댈 테니 꼭 출판을 하자고 합니다.

앞에서도 이야기 했지만 핼리는 왕립학회 출판 담당으로서 『어류의 역사』로 인해 왕립학회의 재정이 부족하다는 것을 알고 있었습니다. 핼리는 자신의 재산을 쏟아 부어 뉴턴의 책 『프린키피아: 자연철학에 대한 수학적 원리』를 출판합니다. 핼리의 도움이 없었더라면 아마 세상에서 가장 유명한 책이 태어나지 못했을 수도 있습니다. 뉴턴은 이 책에서 만유인력에 대한 내용뿐만 아니라 운동의 법칙 등도 소개합니다.

---

38) 위키피디아 참고.

지구의 운동을 설명한 운동의 3가지 법칙

제1법칙. 관성의 법칙

지구상에 있는 거의 모든 물체는 뉴턴의 운동 3가지 법칙으로 설명됩니다. 첫 번째는 관성의 법칙입니다. 갈릴레오는 관성하면 생각나는 인물입니다. 그의 연구를 이어받아 뉴턴은 관성의 법칙을 아주 쉽게 설명합니다. 관성이란 물체가 자신의 운동 상태를 그대로 유지하려는 힘입니다.

Why will the coin drop into the glass when a force accelerates the card?

Why is it that a slow continuous increase in the downward force breaks the string above the massive ball, but a sudden increase breaks the lower string?

Why does the downward motion and sudden stop of the hammer tighten the hammerhead?

관성의 세 가지 예[41]

1. 컵 위의 종이를 빠르게 잡아당기면 동전은 컵 안으로 떨어진다.
2. 추의 아래에 달린 실을 빠르게 잡아당기면 추 아래쪽 실이 끊어진다.
3. 망치의 손잡이를 내려치면 망치머리 부분이 아래로 움직여 고정된다.

---

39) http://onlinephys.com/exampleinertia.jpg

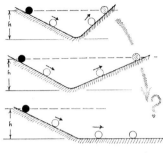
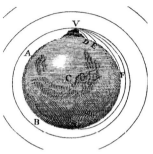

갈릴레오 관성에 관한 사고 실험[41]　　　뉴턴의 대포를 적용한 행성운동에 관한
　　　　　　　　　　　　　　　　　　　　　　　사고 실험[42]

　왼쪽에 있는 그림은 뉴턴의 프린키피아를 대표하는 그림입니다. 이 그림에는 갈릴레오의 관성을 다시 한 번 설명하면서도 그의 최대 걸작인 만유인력의 법칙 즉, 중력 이론이 설명되어 있기 때문입니다. 자, 그럼 좀 더 자세히 두 개의 그림을 보면서 비교해 보도록 하겠습니다.

　갈릴레이는 자신의 사고 실험에서 휘어진 곡면의 한쪽에서 공을 놓으면 이 공은 정확히 처음 출발한 높이의 위치까지 공이 운동한다는 것을 알았습니다. 곡면을 조금 당겨도 마찬가지로 공은 처음 출발한 위치의 높이까지만 운동합니다. 여기서 갈릴레오는 한쪽 끝은 바닥에 붙여 평평하게 만들면 이공은 어떻게 될까를 생각하였습니다. 그는 이 공은 처음 출발한 높이가 될 때까지 끊임없이 움직여야 한다고 생각했습니다. 원래 상태로 되돌아오기 위한 긴 여행을 떠난다고 말할 수도 있을 것입니다. 하지만 현실에서는 이런 일이 절대 일어나지 않습니다. 운동하는

---

40) http://blogs.bu.edu/ggarber/files/2012/07/ball-rolling-down-ramp-and-up2.png

41) http://www.vanosta.be/images/Newton_Principia_Orbit.jpg

공과 공이 굴리가는 바다 사이의 마찰력 때문입니다. 마찰력이란 물체의 운동을 방해하는 힘입니다. 우리가 걸을 수 있는 것도 모두 이 마찰력 때문이라고 할 수 있습니다.

뉴턴은 갈릴레오의 생각을 좀 더 넓혔습니다. 뉴턴은 물체의 운동 면을 평면이 아니라 지구와 같은 곡면이라는 공간을 가정하였습니다. 이렇게 되면 높이를 가지고 출발한 공은 지구로 떨어지게 되고 떨어지는 순간 평면이 곡면으로 바꾸면서 공이 회전하게 됩니다. 좀 더 다른 방향에서 설명해 봅시다.

산꼭대기 V에서 대포를 쏘면 D에 떨어집니다. 좀 더 세게 쏘면 E에 떨어집니다. 더 세게 쏘면 F에 떨어집니다. 더 세게 쏘면 거의 지구 반을 돌아 B에 가게 됩니다. 그러다 보면 결국 매우 세게 쏜 대포는 땅으로 떨어지지 않고 지구 주위를 돌게 됩니다.

이 그림을 자세히 보면 인공위성을 쏘아 올리는 장면과 똑같다는 것을 알 수 있습니다. 쏘아 올린 인공위성이 지구와 적당한 거리에 있으면 쏘아 올려 질 때의 운동 에너지로 지구를 벗어나지도 않고 지구로 떨어지지도 않으면서 지구의 궤도를 운동하고 있는 것과 같습니다.

뉴턴은 밤하늘을 바라보며 모든 물체는 지구 중심으로 떨어지는데 왜 달은 떨어지지 않는지 생각해 보았습니다. 달은 마치 인공위성처럼 지구 둘레를 공전하고 있습니다. 그래서 뉴턴은 앞의 설명처럼 최초로 달이 만들어질 때 지구와 달이 서로 균형을 이루며 잡아당기기에 적절한 위치에서 지구 밖으로 달아나려는 힘과(원심력), 지구 쪽으로 당겨지는 힘(구심력)에 의해 궤도를 회전할 수밖에 없다는 것을 설명하였습니다.

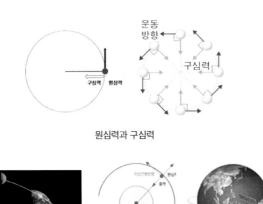

원심력과 구심력

달의 공전과 인공위성의 궤도 운동

　　이와 같은 처음의 운동에너지로 원심력과 구심력의 균형에 의해 달과 인공위성은 지구의 궤도를 운동하게 되는 것입니다. 뉴턴은 지구와 태양의 관계, 자신이 지구 바닥에 딱 붙어 있는 것도 마찬가지라고 생각하였습니다. 모든 물체는 서로 잡아당기는 힘이 있다는 만유인력(萬有引力, universal gravitation)은 뉴턴의 가장 위대한 발견이라고 할 수 있습니다. 아인슈타인이 오류를 발견하기는 했지만 지구상에 있는 모든 물체, 심지어 인공위성, 미사일, 비행기 등 모든 운동하는 물체는 뉴턴의 만유인력으로 설명할 수 있습니다.

$$F = G\frac{mM}{r^2}$$

$G = 6.67 \times 10^{-11} \ \text{N} \cdot \text{m}^2/\text{kg}^2$: 만유인력 상수, m, M : 두 물체의 질량
r : 두 물체 사이의 거리

$$F_1 = F_2 = G\frac{m_1 \times m_2}{r^2}$$

　　"서로 당기는 만유인력은 두 물체의 질량에 비례하고 거리의 제곱에 반비례한다."

인류는 뉴턴의 이 이론으로 엄청난 과학기술의 발전을 이루게 됩니다. 하지만 대부분 전쟁 무기의 발명으로 이어졌다는 것이 매우 안타까운 일이기는 합니다. 그렇지만 이것이 과학의 역사와 인간의 역사를 연결하는 고리가 됨을 잊지 말아야 합니다. 과학지식이 기술과 공학으로 이어질 때 좀 더 숙고하고 반성하며 조심스러워야 합니다. 지금의 원자력 또한 마찬가지라고 할 수 있습니다.

제 2법칙. 가속도의 법칙

만유인력에서 만들어진 힘의 개념은 질량과 아주 밀접한 관계가 있다는 것을 알아낸 뉴턴은 힘과 질량의 관계를 좀 더 자세히 들여다보았습니다. 운동하는 물체의 속도가 변할 때(가속도) 힘도 변화가 있다는 발견입니다.

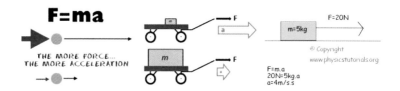

즉, 힘(Force)은 질량(Mass)과 가속도(Acceleration)의 곱으로 표현된다는 것입니다. 세 개의 그림을 살펴보면 첫 번째 그림은 더 큰 힘을 줄수록 물체의 속도 변화도 커진다는 것입니다. 속도 변화가 크면 힘도 커진다는 것이라고 반대로 생각할 수도 있습니다. 여기서 힘과 가속도는 서로 비례한다고 할 수 있습니다. 일상에서도 야구공을 던질 때 세게 던지는 공의 속도가 약하게 던지는 공의 속도보다 더 빠르다는 것을 알 수 있습니다. 그리고 속도가 빠른 공에 맞는 것보다 속도가 느린공에 맞는 것이

덜 아프겠죠. 단, 공의 질량이 일정할 때입니다.

두 번째 그림은 질량이 무거울수록 더 많은 힘이 필요하다는 것입니다. 반대로 질량이 무거울수록 더 큰 힘이 생긴다고 할 수 있습니다. 이것도 당연히 무거운 가방을 들 때 가벼운 가방을 들 때보다 더 많은 힘이 드는 것이고, 무거운 공에 맞는 것이 가벼운 공에 맞는 것보다 더 안 아픈 것도 이 원리에서 나오는 것입니다. 단, 공의 속도가 일정할 때입니다.

이때 질량과 속도 사이에는 반비례 관계가 성립됩니다. 힘이 일정할 때 질량이 커지면 속도는 줄어야 하고, 속도가 증가하면 질량이 줄어야 합니다. 이 식을 이용하면 힘과 질량 그리고 속도의 변화를 아주 간편하게 구해 낼 수 있습니다.

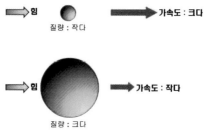

힘이 일정할 때 질량에 따른 가속도의 변화

제 3법칙. 작용 반작용의 법칙

뉴턴의 운동 3가지 법칙 중에서 가장 재미있는 법칙이 바로 작용 반작용의 법칙입니다. 이 법칙은 물리현상뿐만 아니라 인간관계에서도 그대로 적용되는 예들이 많습니다. '가는 말이 고와야 오는 말이 곱다.', 'Give & Take', '되로 주고 말로 받는다.' 등과 같이 상호작용은 세상의 모든 것과 연결된다고 할 수 있습니다. 물론 뉴턴이 이 아이디어를 만들 당시에는 어떤 생각을 어떻게 하였는지는 모르지만 밀입니다. 뉴턴의 성격으로 보아 다른 사람을 그리 세심히 배려하지 않은 것으로 보면 오로지 물리 법칙만을 생각했을 가능성이 크기는 합니다.

작용 반작용의 법칙에 대한 대표적인 예는 노를 저어가는 배입니다. 배가 출발할 때 긴 노로 벽을 밀면 배는 미는 방향과 반대 방향으로 나아갑니다. 그리고 노를 뒤로 저으면 노가 물을 밀어내고 그 힘에 의해 배는 앞으로 나아갑니다.

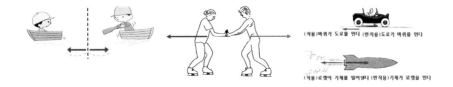

(작용)바퀴가 도로를 민다 (반작용)도로가 바퀴를 민다

(작용)로켓이 기체를 밀어낸다 (반작용)기체가 로켓을 민다

그리고 자동차와 로켓이 날아가고 우리가 걷고 있는 것도 바로 작용 반작용의 원리에 의한 것을 알게 된다면 이 법칙은 우리 주위에서 흔히 볼 수 있는 과학의 법칙이라고 할 수 있습니다. 작용 반작용의 힘은 항상 일정합니다. 내가 준만큼 돌려받는다는 것이지요. 그러니 사람의 관계에서 '되로 주고 말로 받는다.'라는 말이 있는 것 아닐까요. 이 말은 작용의 힘과 반작용의 힘이 서로 달라진다는 것입니다. 인간관계에서는 충분히 생길 수 있는 현상이지만 자연계의 물리현상에서는 보기 힘든 현상입니다. 만약 물리현상에서 작용한 힘보다 더 큰 힘을 만들어 낼 수 있다면 이것은 엄청난 발견이나 발명이 될 것입니다. 한번에 우리의 에너지 문제가 해결될 수 있기 때문입니다. 밥 한 공기를 먹어야 얻어질 에너지를 한 숟가락만으로 해결된다면 엄청난 일이 생기겠죠.

뉴턴의 운동에 관한 3가지 법칙은 우리가 생활하는 일상생활에 그대로 적용됩니다. 그래서 더 위대한 발견이라고 할 수 있습니다. 수많은 과학자들이 많은 발견과 발명을 하고 법칙을 만들어 냈지만 뉴턴의 운동 법칙만큼 단순하고 설명하기 쉬운 법칙은 없습니다. 마치 물은 위에서 아래로 흐른다는 자연의 법칙을 닮았습니다.

뉴턴의 위대한 발견이 뉴턴의 삶과 성격에 반대인 까닭은 그도 세상을 살아가면서 많은 고민과 아픈 기억과 상처를 가지고 살았던 평범한 인간이기 때문입니다. 비록 뉴턴이 고집스럽고 때로는 괴팍하고 다른 사람의 성공을 시기하였다고 해서 그의 발견과 업적이 폄하되어서는 안 될 것입니다. 그의 위대한 발견은 인간의 삶을 변화시켰고 발전시켰습니다. 우리가 만약 뉴턴을 만나지 못했다면 어떤 일이 일어났을까요? 우리가 지금 사용하고 있는 거의 모든 편리함이 없거나 늦어졌을 수도 있습니다. 위대한 과학자 뉴턴은 지금 영국런던의 웨스트민스터 사원에서 깊은 잠을 자고 있습니다. 그의 위대한 발견이 사라졌는지도 모르고 말입니다.

웨스트민스터 사원의 뉴턴 무덤과 얼굴 부조상[43]

---

42) http://www.gratefulhead.co/wp-content/uploads/2015/08/westminster-abbey-sir-isaac-newton-tomb-with-have-you-ever-been-at-a-party-and-someone-asked-you-by-way-of.jpg

여기서 한 가지, 우리는 흔히 뉴턴을 뉴턴 경(卿)이라고 부릅니다. 영어로는 'Sir Isaac Newton'이라고 부릅니다. 'Sir'이라는 칭호는 영국 여왕으로부터 기사 작위를 받아서 만들어지는 호칭입니다. 영국의 엘리자베스 여왕은 뉴턴에게 왜 기사 작위를 내렸을까요? 뉴턴의 위대한 과학적 업적 때문이라고 생각하기가 쉬운데 그것이 아니랍니다. 뉴턴은 한때 돈을 만들어 내는 조폐국의 국장으로 일했습니다. 당시 위폐범들이 너무 많아 영국 여왕의 골칫거리였습니다. 뉴턴은 조폐국장으로 부임하자마자 위폐범 잡기에 총력을 기울였고 위폐범을 잡으면 아주 잔인한 방법(능지처참, 사형 등)으로 벌을 주었다고 합니다. 그래서 위폐범 수가 줄었다고 합니다. 또한 금화를 훼손하는 사람들이 있었는데 금화를 훼손하지 못하도록 금화의 테두리에 지금의 동전처럼 홈을 내었다고 합니다. 뉴턴은 이 공로를 인정받아 엘리자베스 여왕으로부터 기사작위를 받았다고 합니다.

뉴턴은 지금의 우리에게 아주 많은 것들을 알려 주었습니다. 그가 태어나기 전, 신들이 알려준 것들이 전부 사실이 아닐 수도 있다는 의문도 주었습니다. 그의 삶을 되돌아보며 그가 고집스럽고 때로는 야비하기까지 한 것에 대해 깊은 연민도 느낄 수 있습니다. 그러나 분명한 것은 뉴턴이야 말로 현재를 있게 한 위대한 인물이라는 것입니다. 지금 우리가 배우는 물리현상의 모든 것은 그가 만든 결과물입니다. 또한 앞으로 우리가 만들어낼 대부분의 결과물들도 그의 설명이 있어야 가능할 것입니다. 그는 세상의 가장 위대한 거인이 되었습니다.

빛이 만들어내는 시간과 공간

빛의 속도 측정의 역사

뉴턴의 중력 법칙은 200여 년 동안 한 번의 의심도 없이 모든 사람들의 생활과 학문에 적용되었습니다. 자동차가 발전하고 항공기술이 발전하였고 수많은 위성이 지구 둘레를 돌고 있으며 전쟁 기구와 기술의 발달로 두 번의 세계전쟁을 겪었으며, 결국에는 사람이 달에까지 갔다 오는 동안 뉴턴의 운동법칙은 모든 기능을 다하였습니다.

그러는 동안에도 빛은 여전히 풀리지 않은 의문으로 남아 있습니다. 빛은 지구에 있는 모든 것과 우주에 있는 것들을 보게 만듭니다. 그러면 과연 이 빛이란 어떤 성질을 가지고 있으며 어떻게 만들어졌을까요? 이에 대한 궁금증은 뉴턴의 설명으로는 도저히 해결할 수 없었습니다.

만약 태양이 갑자기 사라진다면 지구는 어떻게 될까요? 뉴턴은 태양이 사라지면 지구에 작용하는 중력이 없어져 즉시 영향을 받게 된다고 했습니다. 그렇다면 태양이 사라졌다는 것을 우리는 언제 알 수 있을까요? 아마 8분 정도 뒤에 알 수 있을 것입니다. 태양에서 출발한 빛이 지구에 도착하는 데 8분 정도의 시간이 걸리기 때문입니다. 그럼 빛의 속도는 얼마나 될까요?

 번개와 천둥소리 그리고 소리의 속도

하늘에서 번개와 천둥이 만들어지는 원리는 구름 속에 있는 전기(전하)에 의한 것입니다. 전기에는 +전기와 -전기가 있습니다. 전류는 +전기와 -전기 사이를 흐르는 현상을 말합니다. 우리가 풍선을 문지르면 마찰에 의해 전기가 만들어집니다. 이것을 머리카락이나 종이에 대보면 풍선에 달라붙는 현상이 생깁니다. 그리고 겨울철에 정전기가 발생하는 경우도 마찬가지로 물체에 들어 있는 전기의 흐름 즉, 전류에 의한 것입니다.

구름이 점점 짙어지고 두꺼워지면 구름 속에는 수많은 물방울과 얼음 알갱이들이 있습니다. 이 알갱이들이 서로 마찰을 일으키면 구름 속에 수많은 전기가 만들어집니다. 일반적으로 구름은 아래쪽은 -전기, 위쪽에는 +전기로 나누어집니다. 그리고 순간적으로 땅 쪽에는 +전기가 만들어지고 구름과 땅 사이 공기층으로 전기가 흐르게 됩니다. 공기는 전기가 잘 통하지 않는 물질이기 때문에 전기의 흐름이 빛의 형태로 나타나 우리 눈에 보이게 됩니다. 이것이 바로 번개입니다. 천둥은 번개가 만들어 질 때 생기는 전기에 의해 만들어지는 엄청난 온도변화 때문에 순간적으로 온도가 올라가면 주변의 공기가 팽창하게 되어 큰 소리가 만들어 집니다. 소리는 공기의 진동이므로 번개가 만들어지는 순간 온도 때문에 공기가 팽창하게 되고 그것이 소리가 됩니다.

소리의 속도는 약 1초에 340m정도라고 합니다. 소리는 진동을 전달하는 물질 즉, 매질이 있어야 전달됩니다. 1초에 340m는 공기 즉, 기체가 매질일 때이고 물(액체)일 때는 좀 더 빠릅니다. 고체가 전달 물질일 경우가 소리의 속도가 가장 빠릅니다.

비행기의 빠르기를 나타낼 때 '마하'라는 말을 씁니다. 마하는 공기의 상태에 따라 변하는 속도 단위이기는 하지만 대략 마하 1은 공기 중에서의 소리의 속력, 즉 초속 340m를 나타냅니다. 이것을 자동차의 빠르기 시속으로 바꾸어 보면 1220㎞/h 정도의 빠르기입니다. 이러한 빠르기로 공기 중을 날아가면 공기와 부딪히는 충격으로 큰 소리가 만들어 지는데 이 소리를 소닉붐(sonic boom)이라고 합니다.

빛의 속도와 성질은 더 넓은 우주의 구조와 출발을 이야기하는 가장 중요한 문제가 되었습니다. 빛의 운동 즉, 빛의 속력을 최초로 측정하려고 노력한 사람은 당연히 갈릴레오입니다. 갈릴레오는 자연현상에 의문을 갖고 호기심을 만드는 달인답게 빛이 얼마나 빠를까에 대한 생각을 했습니다. 하늘에 먹구름이 가득한 날 곧 비가 온 세상을 덮을 것 같은 순간 하늘에서 빛이 번쩍하고 보입니다. 그런데 번개가 보인 후 짧은 시간이지만 잠시 뒤 천둥소리가 울려 퍼집니다. 저 높은 하늘에서 빛과 천둥은 동시에 만들어졌을 것인데 소리는 빛이 보인 후에나 들려오는 것입니다. 그렇다면 빛은 분명 소리보다 더 빨리 움직인다는 것을 알 수 있습니다. 갈릴레오는 틀림없이 빛도 속도를 가지고 있을 것이라 생각하였습니다.

갈릴레오는 먼저 한 손에 등을 들고 있는 두 사람을 생각했습니다. 두 사람은 서로 반대 방향으로 움직이기로 하고 들고 있는 등이 꺼지면 즉시 신호하기로 한 뒤 반대편으로 걸어갔습니다. 등불이 거의 보이지 않을 때까지 걸어가는 것이지요. 그리고 등불을 다시 키면 반대쪽에 있는 사람이 등불을 밝혀 신호를 보내기로 했습니다. 그런데 애석하게도 이 실험은 실패하고 말았습니다. 빛의 속도가 너무 빨라 둘 사이의 등불이 동시에 켜져야 하는데 사람의 손동작이 빛의 속도를 따라가지 못했기 때문입니다.

이 실험은 갈릴레오가 종교재판 이후에 가택연금 상태에서 거의 눈이 보이지 않는 힘든 시간에 생각해 내었다고 합니다. 다시 한 번 갈릴레오의 과학정신에 경의를 표할 수밖에 없습니다.

<그림10>[43]

---

43) http://graficas.explora.cl/otros/expoquantos/img/galileo.jpg

빛의 속력에 관한 과학적인 방법으로 탐구한 올레 뢰머

올레 뢰머

올레 뢰머(Ole Christensen Rømer, 1644-1710)는 뉴턴이 태어난 다음 해에 태어납니다. 그러니 두 사람은 서로의 얼굴을 알고 몇 번 만난 적도 있을 것입니다. 뢰머는 티코 브라헤의 우라니보르크에서 근무도 하였다고 합니다.

빛의 속도 측정에 관해서 '토성 탐사선 카시니' 이름의 주인공인 조반니 도미니크 카시니가 중요한 인물입니다. 그의 이름이 토성 탐사선에 붙여진 까닭은 토성의 고리를 발견한 공로 때문입니다. 카시니는 목성의 위성인 이오의 공전주기가 규칙적으로 변하는 것을 발견하고 이오의 공전시간을 계산하면 아마도 빛의 속도를 관측할 수 있을 것이라고 뢰머에게 이야기합니다. 뢰머는 카시니의 조언을 바탕으로 목성 이오의 공전주기 관측을 시작합니다.

지구는 태양 주위를 공전합니다. 물론 목성도 태양을 중심으로 공전합니다. 목성의 위성 이오는 목성을 공전합니다. 지구가 목성과 가장 가까이 있을 때 이오의 공전주기는 지구가 목성과 가장 멀리 있을 때 관측되는 공전주기와 차이가 납니다. 왜냐하면 이오에서 출발한 빛이 지구의 공전궤도의 지름(약 3억km)만큼 더 달려야 하기 때문입니다. 다시 말해 이오가 지구와 멀리 있을 때의 공전주기와 지구와 가까이 있을 때의 공전주기의 차이는 이오에 반사된 태양빛이 그 만큼 더 달려와야 하기 때문에 그 달린 거리와 시간을 측정하여 속력= $\frac{거리}{시간}$ 방정식에 대입하면 빛의 속도를 측정할 수 있습니다.

Using Io's eclipses to measure the speed of light

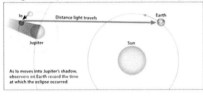

지구와 이오와의 거리가 멀 때

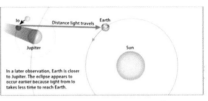

지구와 이오와의 거리가 가까울 때[44]

　이렇게 측정한 빛의 속력은 초속 19만km로 현대에 측정한 초속 30만 km와는 차이가 있지만 당시의 측정 기술을 고려한다면 아주 대단한 결과라고 할 수 있습니다. 뢰머는 자신이 측정한 빛의 속도를 발표하고 유명해졌는데 측정 과정에 대한 설명에서 카시니의 도움이 있었다는 이야기를 하지 않아 카시니와 사이가 나빠지기도 하였습니다. 이것과 앞에서 이야기한 훅과 뉴턴의 이야기에서 알 수 있듯 과학의 발전이 어떤 한 사람만의 업적으로 이루어지기보다는 사람들끼리의 자극이나 도움으로 인해 발전한다는 것을 알 수 있습니다. 이 과정에서 사람들은 자신의 욕심을 채우기 위해 때로는 배신도 서슴지 않는다는 것도 알 수 있습니다.

---

44) http://www.astronomy.com/-/media/import/images/e/a/5/august-2009-speed-of-light.
jpg?mw=600

카시니[45]   토성 탐사선 카시니[46]

빛의 속도에 대한 탐구는 우주가 언제, 어떻게, 누가, 무엇으로 만들어졌는지 등 사람들을 끊임없는 호기심의 세계로 인도했습니다. 만약 우주가 어떤 시간에 의해 만들어졌다면 그 시간은 빛과 아주 밀접한 관계가 있을 것입니다. 왜냐하면 우리가 무언가를 본다는 것은 어떤 특정한 장소와 특별한 시간과 관련이 있기 때문입니다. 이것은 시간과 공간의 비밀과 연결됩니다. 지금 우리가 있는 이곳은 다른 곳과는 구별되는 공간이며, 끊임없는 시간의 흐름이 발생합니다. 또한 빛이 있기에 우리가 이곳에 있다고 알아차릴 수 있습니다. 아무것도 볼 수 없다면 아무것도 알 수 없기 때문입니다.

45) http://astro.kasi.re.kr/MenuImages/%EC%A1%B0%EB%B0%98%EB%8B%88%20%EB%8F%84%EB%A9%94%EB%8B%88%EC%BD%94%20%EC%B9%B4%EC%8B%9C%EB%8B%88.jpg

46) https://upload.wikimedia.org/wikipedia/commons/thumb/b/b2/Cassini_Saturn_Orbit_Insertion.jpg/270px-Cassini_Saturn_Orbit_Insertion.jpg

보는 것과 듣는 것: 광학에테르

인간은 기본적으로 5개의 감각으로 모든 정보를 인식합니다. 정보가 우리에게 전달되는 과정은 각기 다른 경로를 통해 이루어집니다. 미각(味覺), 후각(嗅覺), 촉각(觸覺)은 신체에 자극이 직접 전달된 뒤 뇌로 전달됩니다. 하지만 청각(聽覺)과 시각(視覺)은 좀 더 복잡한 경로가 필요합니다. 청각으로 전달되는 소리는 만들어 내는 물체나 물질로부터 감각기관 즉, 귀로 전달하는 물질 즉 매질(媒質)이 있어야 합니다. 소리의 매질은 고체, 액체, 기체 모두 가능합니다. 이러한 매질이 없으면 우리는 소리를 들을 수 없습니다. 그럼 빛을 우리 눈으로 전달시키는 매질은 무엇일까요? 빛의 성질을 탐구하기 위해서는 먼저 이 문제를 해결해야 합니다.

독일 마그데부르크 시장인 오토 폰 게리케(1602-1686)는 시끌벅적한 실험 하나로 진공의 힘과 소리의 전달에 관해 현명한 답을 찾아냈습니다. 하지만 빛에 대해서는 큰 의문을 남겼습니다. 그는 반구 모양의 물건을 두 개 이어 붙여 그 속에 있는 공기를 모두 빼내어 진공상태를 만들었습니다. 그리고 양쪽에 각기 말 8마리가 당길 수 있는 장치를 만들어 반구에 연결했습니다. 그리고 말들을 양쪽 방향으로 달리게 하였습니다. 말 8마리가 양쪽에서 당겼는데도 반구는 서로 딱 붙어 떨어지지 않았습니다. 이것이 유명한 마그데부르크의 반구 실험입니다.

이 실험을 통해 알 수 있는 것은 공기의 압력(대기압)이 얼마나 큰지입니다. 이와 같은 원리는 우리가 욕실이나 유리 등에 붙이는 흡착판이라고 알고 있는 흔히 사용하는 압축고리에서 볼 수 있습니다. 꾹 눌러 안쪽 공기를 빼면 딱 달라붙어 잘 떨어지지 않습니다. 그것은 바로 흡착판 위에 대기 중의 공기 즉, 대기압이 작용하기 때문입니다. 때어 낼 때는 끝을 살짝 들어 올려 공기가 들어길 수 있도록 해야 합니다. 그렇게 되면 바깥과 안쪽의 공기압이 같아져 쉽게 떨어집니다.

마그데부르크 반구실험 장면[47)

흡착판

[11월 20일] 오토 폰 게리케(Otto von Guericke : 과학자, 발명가) 탄생 410주년 :: 독일

오토 폰 게리케 탄생 구글기념화면[48)

게리케는 이번에는 진공으로 만든 투명구 안에 자명종 시계를 넣고 알람을 설정합니다. 시간이 되어 시계의 자명종은 흔들리지만 소리는 들리지 않았습니다. 이것으로 소리를 듣기 위해서는 공기 즉, 매질이 필요하다는 것을 알게 되었습니다. 하지만 공기가 없는데도 시계는 여전히 보입니다. 그래서 그는 빛은 공기가 없어도 전달된다는 것을 알게 되었습니다.

---

47) http://www.scienceall.com/nas/image/201008/20100812_SgXdg2Fo.jpg

48) http://www.google.de/logos/2012/otto-von-guericke-2012-hp.jpg

사람들은 빛도 분명 전달물질(매질)이 있어야 하는데 그것은 공기가 아니라는 것은 확실히 알게 되었습니다. 대신 광학에테르라는 물질이 빛을 전달한다고 생각했으며 우주는 이 광학에테르라는 냄새도, 보이지도, 느낄 수도 없는 물질로 가득하다고 믿고 있었습니다. 심지어 뉴턴도 광학에테르가 있다고 말하기도 하였습니다.

 빛의 두 가지 성질 입자와 파동

초등학교 과학에서 다루는 빛의 성질은 빛이 입자로 되어 있다는 것입니다. 빛이 입자라는 말은 다루지 않지만 '빛은 직진한다.'는 것을 이야기 합니다. 이것은 빛을 이루는 입자가 직진한다는 것입니다. 그래서 빛이 통과하는 물질은 투명하다고 하며, 통과하지 못하여 그림자가 만들어지는 물질은 불투명이라고 합니다.

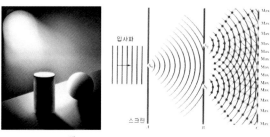

빛과 그림자[49] 토마스 영의 이중 슬릿 실험

그런데 빛을 아주 작은 구멍에 비추었더니 빛이 소리처럼 구멍을 주변으로 퍼져(파동) 나가는 것을 토마스 영이 관찰했습니다. 그래서 빛은 입자이기도 하고 소리처럼 퍼져나가는 성질이 있는 파동이기도 하다는 것을 알아내었습니다. 빛이 파동이라면 당연히 파동의 대표인 소리의 전달처럼 파동의 성질이 있어야 한다고 생각했고 소리를 전달하는 물질이 꼭 있어야 합니다. 그래서 빛을 전달하는 물질인 에테르의 존재를 어쩔 수 없이 믿을 수밖에 없었습니다.

---

49) http://pre04.deviantart.net/d592/th/pre/i/2015/222/a/c/light_and_shadow_practice_by_jukobaelet-d956bgu.jpg

광학에테르를 없앤 마이컬슨과 몰리 실험

광학에테르는 미국의 젊은 과학자 마이컬슨과 몰리에 의해 사라지고 맙니다. 마이컬슨과 몰리는 빛이 만약 광학에테르 속을 통과한다면 에테르의 흐름과 같은 방향으로 진행할 때와 수직방향으로 진행할 때 분명 속도차가 나야 한다고 생각했습니다. 이것은 마치 배가 물의 흐름과 같은 방향으로 진행할 때와 물의 흐름과 반대방향으로 진행할 때 속도의 차이가 나야 한다는 것과 같은 현상입니다.

그래서 두 사람은 특별한 장치 즉, 빛이 서로 수직, 교차하는 장치를 만들어 빛의 속도를 측정했습니다. 놀랍게도 빛이 어느 방향으로 진행되던 간에 속도는 차이가 나지 않았습니다. 결국 광학에테르는 두 사람의 실험으로 인해 이 세상에서 사라졌습니다. 두 사람은 이 공로를 인정받아 1907년 노벨 물리학상을 수상하게 됩니다.

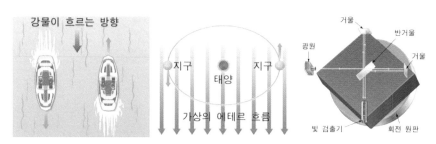

물의 흐름과 에테르의 흐름에 따라 속도 차   마이컬슨 몰리 실험장치[50]

마이컬슨과 몰리가 에테르를 없애고 있는 순간 아인슈타인도 같은 질

---

50) http://study.zum.com/book/14775

우리가 꼭 알아야 할
두 가지
과학 이야기

문에 대한 답을 찾으며 십 대를 보내고 있었습니다. 아인슈타인을 만나기 전 우주에 대한 비밀을 풀어줄 몇 사람을 먼저 만나 보겠습니다. 우주의 신비는 망원경의 발달과 같이 합니다. 더 많은 세상을 보기 위해서 우리의 두 눈만으로는 역부족이기 때문입니다.

더 넓은 우주를 본 사람들

우주가 어떻게 시작되었으며 지금 우리가 있는 곳은 과연 어디쯤인가에 대한 이야기가 새로운 국면으로 들어섰습니다. 뉴턴이 행성의 운동을 설명했고 우주를 가득 덮고 있던 광학에테르도 걷어 냈습니다. 과학기술도 점차 발달하여 더 큰 망원경으로 더 넓은 우주를 들여다볼 수있게 되었습니다. 점점 넓어져 가는 우주에서 우리는 우리가 어디에 있는지에 대한 답을 하나씩 찾아가고 있습니다.

천왕성을 발견한 윌리엄 허셜

윌리엄 허셜(1738-1822)은 독일에서 태어나고 영국에서 세상을 떠났습니다. 허셜은 어렸을 때는 음악에 많은 재능을 보여 아주 많은 작품을만들었습니다. 나이가 점차 들어가며 천문학에 깊은 관심과 애정을 갖게 되었습니다.

윌리엄 허셜은 40피트 대구경 망원경을 만들어 하늘을 관측하였습니다. 그는 동생 캐롤라인과 함께 하늘을 꾸준히 관측해 토성 밖에 있는 천왕성을 발견하였습니다. 허셜 이전의 사람들은 아주 오랜 시간 동안 태양계의 행성은 토성이 가장 마지막으로, 6개의 행성만 존재한다고 믿었습니다. 그의 발견으로 태양계의 크기가 넓어졌다고 할 수 있습니다.

허셜의 놀라운 또 하나의 업적이 바로 적외선의 발견입니다. 허셜은 빛이 프리즘에 의해 7개의 색으로 나누어진다는 것을 알았습니다. 프리즘을 통해 나누어진 각각의 빛에 온도계를 하나씩 7개를 설치했습니다. 그리고 색에 따른 온도와 비교하기 위해 빛이 들지 않는 곳에 온도계를 하나 더 설치했습니다. 그곳이 바로 빨간색 바로 옆이었습니다.

그는 일정한 시간 간격 동안 변하는 빛의 온도를 측정했습니다. 그런데 빛이 들어오지 않는 붉은 빛 옆의 온도계의 눈금도 자꾸 올라가는 것을 확인하였습니다. 이 빛이 바로 우리가 지금 알고 있지만 눈에 보이지는 않는 빛 적외선(赤外線)입니다. 허셜은 눈에 보이지 않는 빛이 있다는 것을 발견한 것입니다.

허셜의 발견은 거내한 망원경을 이용하여 천왕성을 발견한 일은 우수의 크기에 대한 인간의 시야를 넓혔으며 적외선의 발견은 우리 눈에 보이지 않는 것이 보이는 것 보다 더 많을 수 있다는 것을 알려주었습니다.

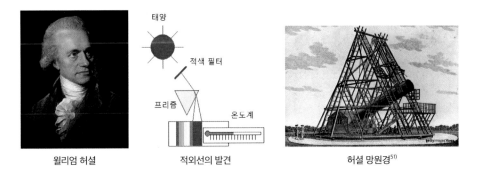

윌리엄 허셜 　　　　 적외선의 발견 　　　　 허셜 망원경[51]

---

51) http://ncc.phinf.naver.net/webtop01/2009/3/11/27/3.gif

연주 시차로 별의 거리를 측정한 프리드리히 베셀

베셀 기념 우표

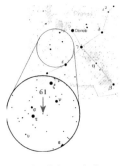

백조자리 M61번 별

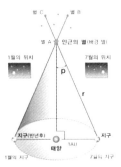

연주 시차로 별의 거리 측정

독일에서 태어난 베셀(1784-1846)은 천문학과 수학에 아주 뛰어난 재능이 있었습니다. 특히 그는 허셜이 발견한 천왕성 너머에도 또 다른 행성이 존재할 것이라고 생각했습니다. 또한 뛰어난 수학실력으로 연주 시차를 이용하여 별까지의 거리를 측정하는 방법을 알아내었습니다.

연주 시차는 오래전부터 태양중심설을 괴롭혀온 문제입니다. 늘 지동설의 발목을 잡고 있었습니다. 연주 시차만 확인 된다면 틀림없이 지구는 태양 주위를 도는 행성이라는 확실한 증거를 댈 수 있었습니다. 지구가 태양 주위를 공전하면 멀리 있는 별들의 위치는 지구의 위치에 따라 달라지기 때문입니다. 하지만 별까지의 거리가 너무 멀었고 시차는 너무 작아 좀처럼 측정하기 어려웠습니다.

베셀은 렌즈 가공기술이 발달한 독일에서 태어났고 활동했기 때문에 성능 좋은 망원경을 사용할 수 있었고 우주를 더욱 넓게 멀리, 그리고 자세히 관측할 수 있게 되었습니다. 결국 그는 백조자리 M61번 별의 연주 시차 발견합니다. 그는 이 연주 시차를 이용하여 관측한 별까지의 거리를 계산하는 식을 만들어 이후 별까지의 거리를 계산해 내는 데 연주 시차 방법이 기본적인 도구로 사용됩니다.

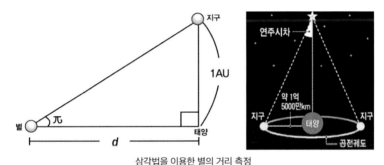

삼각법을 이용한 별의 거리 측정

〈그림출처〉: http://cfile232.uf.daum.net/image/112A854C50779F3934CCCC

좀 복잡한 개념이지만 간단히 설명하면 지구의 위치는 공전 궤도에 따라 달라집니다. 그러면 같은 별을 관측하는 각도 즉, 시차가 생기게 됩니다. 이것을 연주 시차라고 합니다. 즉, 지구의 위치에 따라 별이 보이는 각도가 달라진다는 것입니다. 지구와 태양과의 거리는 이미 알고 있기 때문에 삼각형으로 표현하게 되면 각을 알고 한 변의 길이를 알면 다른 한 변의 길이를 구할 수 있습니다. 물론 여기에는 삼각법이라는 계산 방식이 도입됩니다. 필요한 경우에 수학 책을 다시 한 번 찾아보시면 간단히 계산할 수 있을 것입니다.

결국 베셀의 연주 시차를 이용해 별까지의 거리를 재는 방법으로 지구가 중심인지, 태양이 중심인지의 논쟁은 마침표를 찍게 됩니다. 그는 케플러가 하지 못한 우주에 관한 많은 문제들을 수학적으로 해결했다고 합니다. 우리는 베셀 덕에 점점 넓어지고 있는 우주를 확인할 수 있습니다. 연주 시차는 우주의 크기를 넓히는 데 아주 중요한 아이디어를 만들어 냈습니다.

외계 은하를 발견한 로스백작 윌리엄 파슨스

윌리엄 파슨스(1800-1867)는 1845년 세계 최대의 72인치 망원경을 만들어 천체를 관측한 영국의 천문학자입니다. 망원경이 하도 커서 사람들은 '파슨스타운의 레비아탄(괴물)'이라고 불렀습니다. 파슨스는 거대 망원경으로 우주에 우리 은하만 존재한다는 것에 의심을 품고 우리 은하 이외의 또 다른 은하가 존재할 수 있다는 믿음을 사람들에게 주었습니다.

파슨스타운의 레비아탄과 윌리엄 파슨스[52]

---

52) http://timelessbreakthroughs.economist.com/uploads/2014/07/MicronandGalaxies0042.png

그리고 그가 촬영한 은하 관측 사진은 고흐에게 영감을 주어 그 유명한 '별이 빛나는 밤'이라는 작품이 탄생하였다고 합니다.

파슨스 성운[53)]

고흐 '별이 빛나는 밤'

망원경의 아버지 조지 헤일

과학과 기술의 발달은 인간의 감각을 더욱 넓혀 주었습니다. 도저히 볼 수 없었던 것들을 보면서 인간은 새로운 호기심을 갖게 되고 새로운 사실들을 알아갑니다. 알게 된 것들은 다시 호기심을 부르고 새로운 사실을 발견하게 합니다.

미국의 조지 헤일은 거대 망원경들을 발전시킨 위대한 인물입니다. 그는 여키스천문대 대장을 역임했습니다. 아버지에게 물려받은 뛰어난 비즈니스 능력을 발휘하여 카네기재단의 지원을 받아 허블이 근무하게 될 윌슨 산 천문대를 만들고, 록펠러 재단의 지원을 받아 팔로마 산 천문대 건립에도 기여했습니다.

망원경에 대한 그의 헌신적인 노력은 천문학자들이 아주 많은 관측을

---

53) http://upload.wikimedia.org/wikipedia/commons/thumb/6/6a/M51Sketch.jpg/440px-M51Sketch.jpg

할 수 있도록 하였으며 우주를 더욱 크고 더욱 정확하게 볼 수 있는 기
회를 제공하였습니다.

여키스천문대[54]

윌슨 산 천문대의 허블
(오른쪽)[55]

팔로마 천문대[56]

54) http://astro.uchicago.edu/yerkes/pics/1892.jpg

55) http://science.postech.ac.kr/hs/collectedata/990211195556admas_jeans_hubble.jpg

56) http://cfile204.uf.daum.net/image/1476A20E4C2DAAED3925CF

빅뱅의 시작

아인슈타인

아인슈타인의 이름 앞에는 어떤 수식어를 붙이는 것보다 그냥 아인슈타인이라고 하는 것이 가장 잘 어울립니다. 우리는 어떤 과학자보다 아인슈타인을 잘 알고 있다고 생각하기 때문입니다. 하지만 정작 그에 관해서 조금만 더 깊이 있는 질문을 한다면 누구나 '모른다.'라고 대답할 것입니다. 우주 탄생의 원리를 밝히는 일이 아니더라도 아인슈타인을 좀 더 가까이 바라보고 이해할 필요는 있습니다.

그가 어렸을 때 아버지로부터 받은 나침반에 끌려 과학 공부를 하게 되었다는 것만으로 그의 과학적 호기심은 어렸을 때부터 남달랐다고 할 수 있습니다. 10대 중반에는 빛에 관한 사고 실험을 시작으로 그는 실험기구 없이 우주의 비밀을 풀어낸 천재성을 보입니다. 그가 한 사고 실험은 '나는 거울 들고 있다. 그러면 거울에 내 모습이 보인다. 이때 내가 만약 빛의 속도로 달린다면 거울에 내 모습이 보일까?'입니다. 여러분들도 한번 생각해 보십시오. 과연 거울을 들고 내가 만약 빛의 속도로 딜런다면 내 모습이 보일지 보이지 않을지를요.

아인슈타인의 삶은 그가 만들어낸 위대한 발견과는 사뭇 거리가 있기도 합니다. 이혼과 여자 문제 그리고 고칠 수 없는 질병을 앓고 있었던 자식 문제 등 그의 삶은 보통의 사람과 크게 다르지 않았습니다. 그럼에도 그가 위대한 것은 그러한 삶의 고통에서도 끊임없이 자기의 과학에 대한 궁금증을 해결하기 위해 죽는 그 순간까지 멈추지 않았다는 것입니다. 자전거를 타는 모습을 보며 '쓰러지지 않으려면 페달을 열심히 밟아야 한다.'는 말이 그의 삶에 관한 태도를 보여주며, 그가 남긴 명언들 중에서도 '간단하게 설명하지 못하면 모르는 것이다.'라는 말은 그의 불굴의 연구 태도를 보여 줍니다.

자전거 타는 아인슈타인[57]

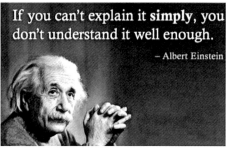

"만약 간단히 설명할 수 없다면 당신은
충분히 이해하지 못하는 것이다."[58]

아인슈타인의 인생 이야기와 관련된 책은 이미 다양하게 준비되어 있으니 시간을 내 꼭 읽어보길 바랍니다. 우리는 그의 이야기 속에서 과학

57) http://www.bicyclenews.co.kr/news/photo/201203/394_1542_544.jpg

58) http://cfile219.uf.daum.net/image/1405963D4FA4E344035E99

뿐만 아니라 긴 인생을 어떻게 살아가야 할 것인가에 대한 배움도 얻을 수 있어 여러분들 삶의 안내자가 될 것임을 확신합니다.

"아인슈타인이 한 일은 무엇인가요?"라고 물으면 거의 모든 사람들은 '상대성 이론'이라고 합니다. 다시 "상대성 이론이 무엇인가요?" 하면 거의 대부분이 "잘 모르겠는데요." 또는 "아 그것은 모든 것은 상대적이라는 것입니다."라고 말하는 사람도 있을 것입니다. 다시 "상대적이라는 것이 무엇인가요?" 하면 또 많은 사람들이 고개를 흔들고 "상대적이라는 것은 모든 것은 각자에 따라 다르다는 것 이지요."라는 과학과는 조금 다른 방향으로 접근하기도 합니다.

또 다른 질문 "아인슈타인의 법칙은 무엇인가요?"라고 물으면 대부분 '$E=mc^2$'이라고 말할 것입니다. 이 식을 등가원리라고 하는데 이것은 우주를 만드는 원소에 대한 이야기를 할 때 다시 이야기할 것입니다. 간단히는 '질량과 에너지는 같다'는 것을 나타냅니다. 질량이 변화하면 에너지도 변화된다는 것입니다. 그럼 먼저 아인슈타인의 상대성 이론에 대해 자세히 알아보도록 하겠습니다.

특수 상대성 이론

아인슈타인의 상대성 이론은 두 가지입니다. 하나는 '모든 물체가 일정한 속도로 움직인다'는 특별한 공간 속에서 만들어지는 시간과 거리에 대한 상대성입니다. 그래서 아인슈타인은 특수(일정한 속도: 등속)한 경우에 다루어지기 때문에 특수 상대성 이론이라는 이름을 붙였습니다. 또 한 가지는 등속의 특수한 경우가 아닌 일반적인 상황에서도 상대적인 시간과 공간에 관한 이야기가 일반 상대성 이론입니다.

특수 상대성 이론은 1905년에 발표했고 일반 상대성 이론은 그로부터 10년의 시간이 더 지난 1915년에 발표됩니다. 2005년은 아인슈타인이 특수 상대성 이론을 발표한지 100년이 되는 해이고 이 글을 쓰는 2015년은 일반 상대성 이론이 발표된 지 100년 되는 해입니다. 특수 상대성 이론의 가장 중요한 조건은 '바로 빛의 속도는 일정하다'는 것입니다. 운동하는 물체에 적용되는 빛의 속도와 운동하는 물체를 보고 있는 관측자에게 빛은 모두 일정한 속도로 운동합니다. 그러므로 앞에서 10대의 아인슈타인이 생각한 거울에는 아인슈타인의 얼굴이 보이게 됩니다. 왜냐하면 빛이 가지고 있는 속도는 어떤 조건에서든 항상 일정한 값을 갖습니다. 즉, 변하지 않는다는 것입니다. 그러므로 거울을 들고 있는 내가 빛의 속도로 달린다고 하더라도 빛은 여전히 일정한 속력을 갖기 때문에 거울에 항상 내 얼굴이 보이는 것입니다. 특수 상대성 이론을 수학으로 증명하는 일은 아주 어려운 일이기 때문에 여기서는 상황에 대해 자세한 이야기로 나누어 보겠습니다. 조금만 집중하면 충분히 이해할 수 있습니다.

특수 상대성 이론에 가장 많이 등장하는 재미있는 주제는 '쌍둥이의 역설'입니다. 우주여행을 하고 있는 언니는 지구에 있는 동생보다 더 천천히 늙어갑니다. 다시 말하면 지구에서의 시간보다 우주선에서의 시간이 더 천천히 간다는 것입니다. 어떻게 그런 일이 있을 수 있을까요? 일단 먼저 우리도 우주선을 타 보아야 합니다.

우주선을 타기 전에 아인슈타인이 살았던 시대에 가장 빠른 교통수단인 기차를 먼저 타 보겠습니다.

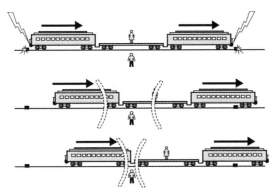

관측자의 위치에 따라 다르게 보이는 번개 빛[59]

　기차의 가운데 부분에 여자가 타고 있고 기차 밖에는 기차 위의 여자와 똑같은 위치에 남자가 기차를 지켜보고 서 있습니다. 먼저 기차가 정지해 있을 때 기차의 앞과 뒤에서 두 사람이 서 있는 곳과 똑같은 거리에서 번개가 동시에 번쩍 내립니다. 그러면 여자와 남자는 동시에 두 개의 번개를 볼 수 있습니다.

　이번에는 기차가 아주 빠른 속도로 오른쪽으로 달립니다. 그러면 기차 위의 여자가 기차 밖의 남자보다 번개를 먼저 보게 됩니다. 기차가 달리고 있기 때문에 여자는 기차의 앞쪽의 번개를 기차의 속도만큼 먼저 보게 되기 때문입니다. 그러므로 기차 위의 여자는 앞쪽의 번개를 먼저 본 다음 뒤쪽의 번개를 보게 됩니다. 하지만 기차 밖에 서 있는 남자는 두 개의 번개를 여전히 동시에 보게 됩니다. 번개는 동시에 번쩍했는데 관측하는 사람의 위치에 따라 동시에 보이지 않게 됩니다.

---

59) http://0.tqn.com/d/np/einstein/87-1.png

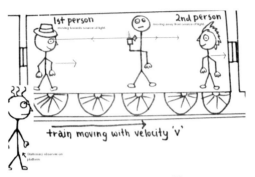

기차 안과 밖에서의 빛 관찰[60]

　이번에는 기차 안에서 빛이 생기는 경우를 생각해 보겠습니다. 기차 안 정중앙에 한 사람이 서 있고 같은 거리의 양쪽에 두 사람이 서 있습니다. 이때도 바깥에서 기차 안을 들여다보고 있는 사람이 있습니다. 먼저 기차가 정지해 있을 때 가운데 있는 사람이 라이터를 켭니다. 이때 양쪽에 있는 두 사람은 동시에 이 불빛을 보게 됩니다. 물론 바깥에 있는 사람도 이 불빛으로 동시에 볼 수 있습니다.

　하지만 기차가 아주 빠른 속도록 달릴 때는 상황이 달라집니다. 기차가 달리고 있을 때 가운데 있는 사람이 앞과 마찬가지로 라이터를 켭니다. 기차 안의 두 사람은 정지해 있을 때와 마찬가지로 동시에 불빛을 보게 됩니다. 하지만 기차 밖에 있는 사람은 모자를 쓰고 있는 뒤쪽 사람이 먼저 보이고 다음에 앞쪽에 있는 사람이 보입니다. 왜냐하면 기차가 진행하는 반대 방향에 있는 사람은 기차의 속력이 더해져 빛과의 거리가 줄어들게 되어 빛이 먼저 도착하는 것이지요. 반대로 빛과 기차의

---

60) http://2.bp.blogspot.com/-McnDcYJZLnc/UvZVepfl1cI/AAAAAAAAAKY/8vCS2OIPieU/s1600/
pictureeee+21.JPG

진행 방향이 같은 쪽에서는 빛이 운동하는 거리가 더 멀어지기 때문입니다. 이처럼 똑같은 빛인데 기차 안에서는 빛을 두 사람이 동시에 볼 수 있지만 기차 밖에 있는 사람은 시간 간격을 두고 빛을 보게 됩니다.

이것이 바로 상대성입니다. 기차는 꼭 등속으로 운동하고 있어야 하며 기차 안에 있는 사람은 자신이 등속으로 운동하기 때문에 자신이 움직인다는 사실을 몰라야 합니다. 이런 특수한 경우의 상대성이 바로 특수 상대성입니다. 잠시 앞에서 이야기 한 갈릴레오의 일정한 속도로 움직이는 배 안에서의 상대성을 생각해 봅시다. 배 안에 있는 사람은 자신이 움직인다는 것을 모르지만 배 밖에 있는 사람은 그 배가 움직인다는 것을 알고 있습니다. 그 배 안에 떨어지고 있는 물방울을 생각해 보세요. 배 안에서 물방은 수직으로 떨어지지만 배 밖에서 보는 사람은 그 물방울이 포물선으로 떨어지고 있는 것처럼 보일 것입니다.

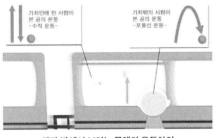

안과 밖에서 보이는 물체의 운동차이

이제 본격적으로 공간에 따른 시간의 차이에 대해 알아보기 위해 재미있는 '쌍둥이 역설'에 대해 이야기해 보겠습니다. 2014년에 개봉한 영화 인터스텔라에 우주선에 남겨진 사람과 행성으로 다녀온 사람의 시간이 큰 차이가 나서 우주선에 남겨진 사람은 거의 노인이 되었고 행성을 다녀온 사람은 단지 몇 시간의 시간이 흘렀을 뿐이라는 내용이 아주 재미있었습니다. 이러한 현상을 가장 잘 설명한 것이 바로 '쌍둥이 역설'입니다.

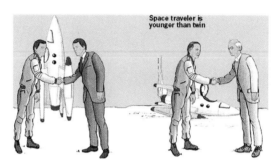

우주여행 전과 후의 쌍둥이 만남

이것을 이해하기 위해 먼저 세 가지 조건을 먼저 확인해 보겠습니다. 첫째 빛의 속도는 어디에서나 일정합니다. 우주선 안이든 우주선 밖이든 모두 빛의 속도는 항상 초속 30만㎞입니다. 둘째, 우주선은 같은 속도로 날아갑니다. 그래서 등속 운동을 하는 우주선 안에서는 내가 움직이고 있다는 것을 모릅니다. 셋째, 우리는 우주선의 창으로 우주선 안을 볼 수 있습니다.

자, 그럼 카운트 다운해서 우주선이 힘차게 우주로 날아올랐습니다. 그리고 깊은 우주의 한 가운데 정지해 있습니다. 우주선 안에는 빛을 내는 장치가 있습니다. 이 장치는 아래위로 반복해서 움직입니다. 마치 갈릴레오의 배 안에서 떨어지고 있는 물방울과 같은 운동을 합니다. 기차 안에서 우리가 공을 던지면 위아래로 직선 운동을 하고 있는 것과도 같습니다.

우주선 안의 빛이 아래위로
일정한 시간 동안 움직이고 있다[61]

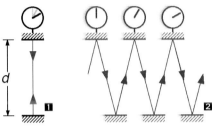

정지했을 때 빛의 운동과
아주 빠른 속도로 달릴 때의 빛의 운동[62]

우주선이 정지해 있을 때는 1과 같이 반복적으로 같은 거리를 상하 운동합니다. 이것은 우주선 안에서 보는 것이나 우주선 밖에서 보는 것 둘 다 똑같이 보입니다. 자 이번에는 우주선이 속력을 내어 등속 운동을 합니다. 물론 아주 빠른 속도로 움직여야 합니다. 우주선 안에서는 여전히 빛이 아래위로 직선 운동을 하고 있습니다. 하지만 우주선 밖에서 보면 빛은 직선 운동을 하지 않고 대각선 방향으로 운동합니다. 앞에서 이야기한 기차 안에서 아래위로 운동하는 공의 모양이 기차 밖에서는 포물선 운동을 하는 것처럼 보이는 것과 같은 원리입니다.

대각선으로 지그재그 운동하는 빛의 운동 거리는 아래위 상하 운동을 할 때의 거리보다 더 길어지게 됩니다. 아래위 운동을 할 때의 시계

---

61) http://study.zumst.com/upload/02-K33-00-12-15/K33-00-12-15-%EB%AC%B8%EC%A0%9C.
png

62) https://upload.wikimedia.org/wikipedia/commons/6/69/Light-clock.png

가 '똑딱'하고 간다면 우주신이 운동힐 때의 시계는 '또오옥딱'하고 가게
됩니다. 시간이 더 천천히 흐르는 것입니다.

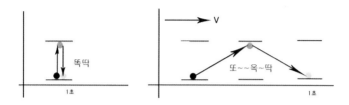

빛의 시간과 거리와 속력의 관계

속력이 일정할 때 시간은 시간$=\dfrac{이동거리}{속력}$ 의 관계가 성립하므로 이동거리
가 길어지면 시간도 길어지게 되어 시간은 천천히 가게 됩니다.

시간이 천천히 흐른다는 것은 지구에서의 1년이 우주선에서는 1분이
될 수도 있다는 것입니다. 지구에 남아있는 쌍둥이 동생은 이미 늙었는
데 우주여행을 하고 있는 언니는 아직도 젊은 상태 그대로 일 수 있다
는 것입니다.

그런데 우리는 이러한 현상을 일상생활에서 관측하기란 매우 어려운
일입니다. 왜냐하면 이런 현상을 관측하기 위해서는 거의 빛의 속도에
가까운 속도가 필요하기 때문입니다. 그러나 실재로는 우리가 사용하고
있는 GPS 장치 즉, 인공위성에서 신호를 받는 장치는 일정한 시간 동안
이러한 시간 지연 효과로 인해 보정을 해 주어야 한다고 합니다.

일반 상대성 이론

아인슈타인은 특수 상대성 이론 발표 이후 더 깊은 고민에 빠져듭니다. 특수한 경우 즉, 등속 운동일 때가 아닌 일반적인 상황에서 시간과 공간에 대한 이해가 필요한 까닭입니다. 그러기 위해서는 먼저 공간에 작용하는 가장 보편적인 힘인 중력 문제를 해결하는 것이 필요했습니다. 하지만 뉴턴의 만유인력은 모든 세상의 운동을 나무나도 정확하게 설명했습니다.

아인슈타인은 당연한 것에 의문을 가졌습니다. 그리고 특수 상대성 이론 이후에 등속의 공간이 아니라 어떤 물체가 가속될 때, 즉 속도가 변할 때 다시 말해 중력이 작용할 때 물체에 작용하는 질량에 어떤 변화가 있을 것이라는 생각을 했습니다. 이 말은 만약 태양이 갑자기 사라진다면 뉴턴의 만유인력의 법칙에 의해 우리 지구는 태양 질량의 영향으로 태양이 사라졌다는 것을 곧바로 알아야 합니다. 하지만 우리는 태양이 사라졌다는 것을 8분여가 지난 뒤 알게 됩니다. 왜냐하면 태양에서 출발한 빛이 지구에 도달하기까지의 시간이 8분이기 때문입니다.

이것은 우리가 살고 있는 공간이 뉴턴이 말한 만유인력 즉, 뉴턴의 중력 이론으로는 설명될 수 없다는 모순이 발생합니다. 그래서 아인슈타인은 뉴턴의 중력 이론이 무언가 잘못되었다는 것을 알아차리게 되어 또 다시 사고 실험을 하기 시작합니다.

아인슈타인의 사고 실험을 따라가기 위해 우리는 다시 우주선을 타야 합니다. 우주선이 출발하기 전, 그러니까 지구의 중력이 작용할 때 우리는 우주선의 바닥에 똑 바로 서 있을 수 있습니다. 물론 우리의 몸무게도 정확하게 60kg을 가리키고 있습니다. 이제 우주선이 우주로 출발하어 중력이 미치지 않는 무중력 상태에 도달합니다. 그러면 우리는 우주선 안에 둥둥 떠다니게 됩니다. 물론 체중계는 0kg을 가리키게 되겠죠. 그러는 순간 우주선이 빠른 속도로 다시 가속됩니다. 그러면 어떻게 될까요? 저울 위에 있다면 저울의 몸무게는 우주선의 가속에 의해 즉, 우리 몸에 작용하고 있는 관성에 의해 다시 체중계의 바늘이 움직이기 시작할 것입니다. 우리 몸은 다시 우주선 바닥에 서 있게 됩니다. 즉, 가속도가 중력이 되는 것입니다.

좀 더 가까운 현실에서 생각해 보면 정지해 있던 엘리베이터가 순간적으로 위로 올라갈 때 우리는 더 큰 힘을 느끼는 것과 같습니다. 엘리베이터 안에 있던 체중계도 순간적으로 좀 더 무거운 쪽으로 바늘이 움직일 것입니다. 아인슈타인은 이러한 사고 실험으로 중력이라는 것이 물체의 질량에 의해 만들어지는 것이 아니라고 생각했습니다. 왜냐하면 물체의 가속 상태에 따라 질량이 달라지기 때문입니다. 아인슈타인은 가속도와 중력은 같다는 생각을 하게 됩니다.

🔍 엘리베이터에서의 무게 변화

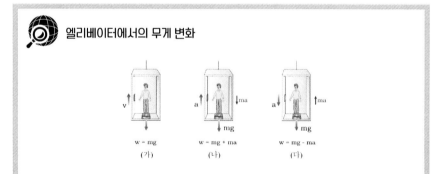

$w = mg$
(가)

$w = mg + ma$
(나)

$w = mg - ma$
(다)

(가) 엘리베이터가 정지하고 있을 때 무게는 60kg입니다.
(나) 엘리베이터가 위로 가속되면 우리 몸무게는 가속되는 만큼 늘어납니다.
(다) 엘리베이터가 아래로 가속되면 우리 몸무게는 가속되는 만큼 줄어듭니다.

아인슈타인의 고민은 거의 10년 동안 계속됩니다. 가속도와 중력이 같은 것이라면 중력이 작용하는 공간은 어떻게 변화되는가, 그리고 변하지 않는 빛은 또 어떻게 변화하는 가에 대한 생각으로 그는 아무것도 할 수 없었을 것입니다. 그러나 그는 이러한 고민의 시간이 가장 행복했다고 이야기합니다. 그럼 아인슈타인의 행복한 고민으로 다시 들어가 보겠습니다. 아차! 또 우주선을 타야하는 군요. 우주선을 매번 타는 이유는 바로 가장 빠른 속도로 가속될 수 있는 공간이기 때문입니다.

우주선이 가속되어 무중력 상태에 도달합니다. 무중력 상태에서는 중력의 영향을 받지 않기 때문에 관성에 의해 옆으로 던져진 공은 옆으로 곧게 나아갑니다. 물론 빛도 곧게 나아갑니다. 빛과 공이 옆으로 곧게 나아가는 그 순간 우주선이 가속됩니다. 우주선이 가속되면 공과 빛은 어떻게 될까요? 우주선 안에서는 바로 아래로 떨어지게 될 것입니다. 앞에서 말한 가속도가 바로 중력이기 때문입니다. 그렇다면 우주선 밖에서 공과 빛을 보는 사람의 눈에는 어떻게 보일까요? 특수 상대성 이론에서 이야기했듯이 공과 빛은 아래로 휘어질 것입니다.

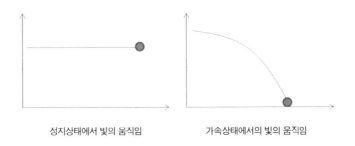

성지상태에서 빛의 움직임   가속상태에서의 빛의 움직임

그래서 아인슈타인은 운동하는 질량이 있는 곳에서 공간은 휘어진다는 결론을 내리게 됩니다. 즉, 중력이란 뉴턴이 말한 질량과 거리의 관계

가 아닌 질량에 의해 만들어진 공간의 휘어짐에 의해 만들어지는 것입니다. '공간이 휘어진다'는 말은 평평한 트렘블린을 생각하면 쉽게 이해할 수 있습니다. 평평한 트렘블린에 아주 무거운 볼링공을 올리면 트렘블린이 휘어집니다. 볼링공에서 좀 멀리 떨어진 곳에 야구공 하나를 놓아도 역시 야구공 주위의 공간도 휘어집니다. 야구공 주변에 탁구공을 올려놓으면 탁구공 주변의 공간도 휘어집니다.

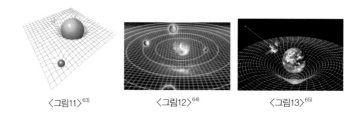

〈그림11〉[63]   〈그림12〉[64]   〈그림13〉[65]

볼링공에 의해 휘어진 공간을 따라 야구공이 움직이고, 야구공의 휘어진 공간을 따라 탁구공이 움직입니다. 이런 식으로 무거운 질량이 만들어 낸 휘어진 공간을 가벼운 질량의 물체가 움직이게 되는 것입니다. 이것을 우주로 확장해서 생각해 보면 우주의 별들도 서로 다른 질량의 차이로 인해 만들어진 휘어진 공간을 운동하게 되는 것입니다. 인공위성 또한 지구에 의해 휘어진 공간을 향해 떨어지지 않고 운동하고 있습니다. 가벼운 질량의 물체가 무거운 물체의 휘어진 공간을 운동할 때 곧바로 떨어지는 것이 아니라 휘어진 공간 속으로 회전 운동을 하며 서서히 빠져들게 됩니다. 빛도 마찬가지입니다.

63) http://study.zumst.com/upload/00-K33-00-12-16/K33-00-12-16-%EA%B3%B5%EA%B0%84%EC%9D%98%20%ED%9C%A8.png

64) http://farm.resources.ebs.co.kr/edrb/thumb/201109/VOD_20110927_00335_THM.jpg

65) http://dimg.donga.com/wps/NEWS/IMAGE/2015/01/02/68878666.1.jpg

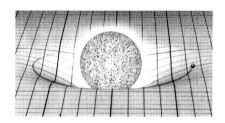

아인슈타인은 질량이 만들어낸 공간에 의해 빛이 휘어진다는 것을 실험으로 증명하려고 했습니다. 그는 먼저 태양 뒤편에 있는 보이지 않는 별이 태양의 중력에 의해 휘어지면 지구에서 관측할 수 있다는 가설을 설정합니다. 그리고 이것을 증명하는 방법으로 일식을 선택했습니다. 일식은 달에 의해 태양이 가려지면서 순간적으로 태양이 사라지는 것처럼 보이는 현상을 말합니다.

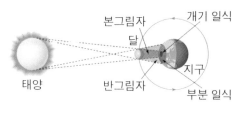

일식   중력렌즈효과

일식이 진행될 때 태양의 밝은 빛은 순간적으로 사라집니다. 아인슈타인은 태양의 밝은 빛이 사라질 때 태양 뒤편에 있는 별빛이 중력에 의해 휘어진다면 틀림없이 지구에서 관측할 수 있을 것이라 생각했습니다. 이것이 바로 '중력 렌즈 효과'라는 것입니다. 빛이 렌즈에 의해 굴절되듯이 중력에 의해서도 굴절되기 때문에 붙여진 이름입니다.

이것을 증명하기 위해 나선 사람은 영국의 아서 에딩턴(1882-1944)입니다. 에딩턴은 영국의 유명한 천문학자이자 물리학자였습니다. 에딩턴은 아인슈타인의 주장이 사실임을 믿고 그것을 증명하기 위해 일식이 일어나는 날 실제로 그 별이 보이는지 그리고 보인다면 얼마큼 휘어지는지를 직접 촬영하기로 합니다. 영국 정부에서는 전쟁 중이라 아인슈타인을 도와주는 실험을 할 수 없다고 거부했지만 에딩턴은 영국의 과학자 뉴턴이 맞다는 것을 증명하기 위함이라는 이야기로 관측을 승인받게 됩니다. 결국 촬영에 성공하고 에딩턴은 아인슈타인의 예측이 정확하게 맞다는 발표를 합니다. 아인슈타인은 에딩턴의 촬영 덕분에 세상에서 가장 위대한 과학자로 우뚝 서게 됩니다.

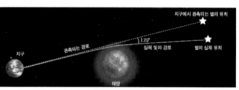

태양의 뒤편에 있어서 실재로는 보이지 않는 별이 태양의 중력에 의해 휘어져 보임[66]

아인슈타인과 에딩턴[67]

에딩턴과 그의 관측 사진

66) http://cfile3.uf.tistory.com/image/275244445229DB7B025436

67) http://hkpark.netholdings.co.kr/files/45/manual/107589/2741/einstein_and_edington.png

왼쪽은 아인슈타인과 에딩턴이 만나 이야기를 나누는 사진이고 오른쪽은 에딩턴이 일식 때 휘어진 별빛을 촬영한 사진입니다. 확대된 사각형으로 별빛이 희미하게 보입니다.

아인슈타인의 중력 이론을 생활에서 실제로 만나기란 무척 어려운 일입니다. 시간과 공간이 휘어져 있다는 것을 느낄 수 없기 때문입니다. 반대로 우리 눈에 보이는 모든 것은 뉴턴의 중력으로 설명할 수 있습니다. 야구장에서도, 축구장에서도, 달리는 자동차도, 나르는 비행기도, 지금도 쉬지 않고 지구 궤도를 움직이고 있는 인공위성에서도 우리는 뉴턴을 만날 수 있습니다.

하지만 뉴턴의 중력 이론이 모든 것을 설명할 수 있다고 하더라도 우리는 그것보다 더 나은 이론이 있다는 것을 알아야 합니다. 더 나은 이론으로 우리 눈에 보이지 않더라도 존재하는 현상을 이해하기 위해 노력하고 이해할 수 있어야 합니다. 보이지 않는 것을 이해할 때 우리는 비로소 우리의 존재에 대한 실상을 발견할 수 있습니다.

물론 아인슈타인의 상대성 이론이 모든 것을 설명할 수 있는 완벽한 것은 아닙니다. 이후에 등장하는 과학자들로 인해 아인슈타인은 자신의 실수를 인정하기도 하고 자신의 고집에 싸여 새로운 이론을 받아들이지 못해 다른 사람에게 상처를 주기도 하며 그 상처가 다시 자기에게 돌아오기도 합니다.

하지만 아인슈타인의 상대성 이론은 이후 많은 사람들에게 깊은 영감을 주고 새로운 기술의 발전에 영감을 불어넣습니다. 특히 우주가 어떻게 만들어졌으며 우리는 우주의 어디쯤 와 있는지에 대한 의문에 가속을 붙입니다. 이제 아인슈타인이 만들어 놓은 상대성이라는 운동장에 자신의 능력을 유감없이 발휘한 많은 사람들을 만나 봅시다.

팽창하는 우주를 설명한 알렉산더 프리드만

알렉산더 프리드만

아인슈타인은 세상의 가장 위대한 과학자가 되었습니다. 하지만 그의 일반 상대성 이론에 의하면 행성들은 분명 그들이 만든 공간의 휘어짐 때문에 충돌하는 것을 피할 수 없었습니다. 무거운 질량이 만들어놓은 공간에 떨어진 가벼운 질량은 결국은 깊은 웅덩이 속으로 빠져들고 그 과정에서 질량은 서로 충돌하는 것이 당연한 결론이었으며 이것이 아인슈타인이 만든 중력입니다.

아인슈타인은 충돌하는 행성들을 막기 위해서 어쩔 수 없이 충돌을 방지하는 장치를 두어야 했습니다. 이것이 바로 일반 상대성 이론에 있는 우주상수입니다. 아인슈타인은 자신의 방정식을 그대로 두면 두 개의 행성은 충돌할 수밖에 없다는 결론을 내렸습니다. 하지만 행성은 충돌하지 않고 질량이 만들어 놓은 휘어진 곡면을 따라 아름답게 운동하고 있습니다. 지구나이 46억 년 동안 아니 그 이상의 시간 동안 말입니다. 아인슈타인은 자신의 방정식에 우주상수라는 것을 넣어 이론적으로 행성들이 충돌하지 않고 그대로의 위치에서 운동할 수 있도록 만들었습니다.

아인슈타인 방정식과 우주상수

이 방정식을 해석하기는 매우 어렵습니다. 글을 쓰고 있는 저도 제대로 이해하지 못하는 것이 사실입니다. 하지만 아인슈타인은 행성이 중력에 끌려 충돌하지 못하도록 노력한 것으로 이 방정식을 그냥 '아름답다'고 이해하는 것이 더 마음이 편하고 낭만적일 것입니다.

$$\Lambda = \frac{8\pi G}{3c^2}\rho \qquad\qquad R_{\mu\nu} - \frac{1}{2}R\,g_{\mu\nu} = \frac{8\pi G}{c^4}T_{\mu\nu} + \Lambda\,g_{\mu\nu}$$

우주상수 　　　　　　　　　　　아인슈타인 방정식

아인슈타인 이야기에서 문득 생각나는 사람이 있습니다. 바로 프톨레마이오스입니다. 그도 행성의 역행을 설명하기 위해 주전원을 만들어 넣었습니다. 아인슈타인도 어쩔 수 없이 우주상수를 만들어 넣었습니다. 프톨레마이오스의 주전원을 없앤 사람이 코페르니쿠스였듯이 아인슈타인의 우주상수가 필요 없다고 주장한 사람이 바로 프리드만(1886-1925)입니다.

러시아에서 태어난 프리드만은 1차 세계대전에 참전한 군인이었습니다. 그는 전쟁의 고통 속에서도 학문 연구의 끈을 놓지 않고 열심히 연구하였다고 합니다. 그는 아인슈타인의 일반 상대성 이론에 관한 소식을 듣고 깊은 감명을 받았습니다. 하지만 아인슈타인의 방정식에 문제가 있는 것을 발견합니다. 그는 아인슈타인이 걱정한 행성간의 충돌에 대한 우려와는 정반대로 우주는 팽창하고 있기 때문에 서로 충돌하지 않는다는 것을 발표합니다. 그러니까 우주 상수가 필요 없다는 것입니다.

프리드만 우주모델의 핵심은 아인슈타인 방정식에서 우주상수를 제거하는 것입니다. 그렇게 되면 우주는 수축하지 않고 팽창하게 되는데,

팽창하게 하는 힘은 우주 탄생의 순간에 어떤 에너지가 있어야 한다는 것입니다.

'우주탄생 순간의 어떤 에너지.' 정말 감동적인 표현입니다. 드디어 우리가 우주 어디쯤에 있는 가에 대한 윤곽이 드러나기 시작합니다. 프리드만은 팽창하는 우주를 설명하는 세 가지 우주원리에 대한 가설을 만들었습니다.

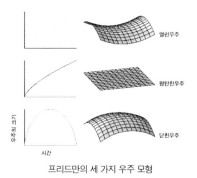

프리드만의 세 가지 우주 모형

먼저 프리드만은 중력의 반대방향으로 작용하는 세 가지 원리를 그림과 같이 설명하였습니다. 첫 번째 닫힌 우주는 우주에 아주 많은 별들이 있습니다. 그 별들은 서로 작용하는 중력으로 인해 서로 점점 더 멀어지고 별들 사이의 공간은 늘어납니다(팽창). 하지만 서로의 중력 작용으로 인해 우주의 크기는 점점 줄어듭니다(수축). 결국 한 점에서 서로 모이게 되는 끔직한 일이 벌어지게 됩니다.

두 번째 열린 우주는 별들이 우주에 많지 않을 경우입니다. 이 경우는 별들 사이에 작용하는 중력보다 중력에 반대 방향으로 작용하는 힘에 의해 우주는 점점 팽창하게 됩니다.

세 번째는 평탄한 우주입니다. 이 모형은 중력과 그 반대의 힘이 균형을 이루어 공간이 휘어지지 않는 영원히 평평한 우주를 만들게 되는 것입니다.

프리드만의 이 세 가지 모델의 공통된 점은 우주는 팽창하고 있다는 것입니다. 지금 우리가 알고 있는 빅뱅 우주 이론인 팽창하고 진화하는 우주 모형이 시작되었습니다. 하지만 아인슈타인은 프리드만 모형을 받아들이지 않습니다. 수학적으로는 일부 인정하였지만 물리학적으로는 받아들이지 않았습니다. 물론 나중에 자신의 태도를 후회하기는 하지만 과학계의 영웅이 된 아인슈타인이 받아들이지 않았다는 것은 어떤 검증을 하지 않고도 잘못된 지식이 될 수 있었습니다. 마치 예전의 아리스토텔레스의 말을 그 오랜 시간 동안 믿고 있었던 것처럼 말입니다.

프리드만은 전쟁으로 심한 정신적, 육체적 고통으로 37세의 이른 나이에 갑자기 세상을 떠나고 맙니다. 생각은 아인슈타인을 뛰어넘었지만 그것을 뒷받침할 과학적 증거는 찾지 못하고 안타깝게 일찍 세상을 떠나고 맙니다. 프리드만의 혁신적인 아이디어는 허블의 관측증거가 나올 때까지 그리고 제자 가모브가 스승의 업적을 더욱 빛나게 할 작은 씨앗만을 남긴 것으로 만족해야 했습니다.

두 개의 길을 걸은 신부님 조르주 르메트르

조르주 르메트르

역사가 늘 그래왔듯이 한 개의 혁신적인 아이디어는 사라지는 것처럼 보이지만 결코 사라지지 않습니다. 코페르니쿠스의 아이디어가 케플러와 갈릴레오 의해 완성된 것처럼 프리드만의 아이디어도 새로운 사람에 의해 더욱 발전하게 됩니다.

물론 세상은 아직 그것을 받아들일 준비가 되지 않았지만 세상이 준비되지 않았다고 해서 진실이 사라지진 않습니다. 단지 깊은 곳에서 잠시 숨을 돌리고 때를 기다리고 있을 뿐입니다. 나비가 아름다운 날개를 만들기 위해 잠시 번데기로 숨어 있듯이 말입니다.

프리드만이 세상을 떠난 2년 뒤 1927년 벨기에 출신의 신부 르메트르(1894-1966)는 아주 조용히 벨기에의 잘 알려지지 않은 학회지에 〈일정한 질량을 갖지만 팽창하는 균등한 우주를 통한 우리 은하 밖의 성운들의 시선 속도의 설명〉이라는 논문을 발표합니다. 르메트르는 이 논문에서 팽창하는 우주에 관해 아주 자세히 기술합니다.

르메트르는 카톨릭교회 신부이기도 하면서 물리학을 공부한 특별한 사람입니다. 카톨릭교회는 여전히 이 세상 모든 것을 신이 창조했다는 것을 진리로 삼습니다. 그리고 물리학은 교회의 생각과는 반대로 신에 의해 세상이 만들어지지 않았다는 증거를 찾는 과정이라고 할 수 있습니다. 르메트르는 이 두 개의 길을 동시에 그리고 아주 묵묵히 그리고 최선을 다해 걸었던 인물입니다.

벨기에를 떠나 영국으로 유학한 르메트르는 아인슈타인의 일반 상대성 이론을 관측했던 캠브릿지의 에딩턴에게 물리학과 천문학을 배우기도 합니다. 이후 미국의 MIT에서 우리 은하의 위치에 대한 논쟁의 한 중심이 된 섀플리에게 공부를 더해 박사학위를 받게 됩니다.

르메트르는 이 우주는 지금 이 순간에도 팽창하고 있다고 보았습니다. 그렇기 때문에 어제의 우주는 오늘의 우주보다 작았을 것이라고 이야기합니다. 이렇게 과거의 시간으로 돌아가면 우주는 점점 작아지고 결국에는 어떤 한 점과 만나게 되는데 그 시간이 바로 '어제가 없는 오늘'이라는 시간이 되고 그 점이 바로 '원시원자'라는 것입니다. 이 원시원자가 폭발하면서 큰 원자가 작은 원자로 나누어지고 그 과정에서 우주방사선이 큰 에너지와 함께 쏟아져 나온다는 것입니다.

우주는 이러한 폭발 이후 점점 팽창하여 오늘의 우주가 되었고 내일은 오늘보다 더 늘어날 것이라고 이야기했습니다. 지금 관찰할 수 있는 우주선[68](宇宙線, cosmic ray)은 당시 폭발의 증거이며 그때 만들어진 물질이 다시 모여 지금의 별을 만들어졌습니다.

간단히 정리하면 최초의 원시원자가 있었고 원시원자가 폭발하면서 엄청난 에너지가 만들어졌으며, 그 에너지와 흩어진 물질이 다시 모여 지금의 별이 되었으며 그 증거는 지금도 우주로부터 쏟아져 나오는 우주선이며 그 힘이 여전히 작용하여 지금도 우주는 팽창하고 있다는 것입니다. 르메트르는 지금 우리가 받아들이고 있는 빅뱅에 관한 이야기를 제일 먼저 이야기한 사람입니다.

---

68) 우주에서 지구로 쏟아지는 높은 에너지를 가진 각종 입자와 방사선. 위키백과.

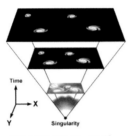

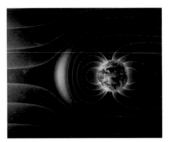

폭발에 의해 팽창하는 우주[69]   지구로 쏟아지는 우주선[70]

 ### 원자의 붕괴로 만들어지는 에너지

우리 모두가 알고 있는 마리퀴리는 라듐에서 발견한 방사선 연구로 노벨상을 받습니다. 방사선에서는 불안정한 큰 원자가 안정된 작은 원자로 변화하는 과정을 '붕괴'라고 합니다. 이 과정에서 많은 에너지, 알파선, 베타선, 감사선과 같은 방사선이 생기게 됩니다. 르메트르의 원지원자도 이 같은 불안정한 상태에서의 폭발로 인해 우주선(cosmic ray)과 에너지로 인해 별들이 만들어지고 지금도 그 에너지로 인해 우주는 팽창하고 있다는 것입니다.

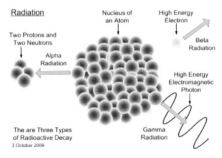

원자 붕괴로 인한 질량의 변화로 만들어지는
에너지와 방사선[71]

---

69) http://www.einsteinerrs.com/uploads/1/0/6/1/10619634/761273_orig.jpg

70) http://cdn.antarcticglaciers.org/wp-content/uploads/2014/11/cosmic-rays-5.jpg

71) http://www.korearth.net/lecture/gen_geo/earth_present/ch02/fig2-6-1.jpg

1927년 르메트르는 자신의 논문을 들고 아인슈타인을 찾아갑니다. 하지만 변화하지 않은 우주(이후 정상 우주론)를 신뢰하고 자신의 우주상수를 붙들고 있던 아인슈타인은 르메트르에게 아래의 말로 면박을 줍니다.

"당신의 계산은 옳지만, 당신의 물리는 말도 안 됩니다."
"Vos calculs sont corrects, mais votre physique est abominable."

- 위키백과

아인슈타인은 나중에 이 일을 후회했지만, 당시에는 자신의 이론이 완벽하다고 믿고 있었습니다. 이 이야기는 위대한 발견과 업적을 남긴 아인슈타인도 한 인간으로써 자신의 생각이 옳다는 강한 집착에 사로잡혀 새로운 것을 받아들이지 못했던 것을 보여줍니다. 그러므로 새로운 발견과 혁신을 만든 인물은 최고의 성과를 얻게 되면 그곳에서 멈추게 되고 그보다 더욱 혁신적이고 새로운 아이디어를 가진 사람이 등장하게 전까지는 그 때까지의 성과가 완벽한 진리라고 믿습니다. 이러한 현상을 토마스 쿤이라는 학자는 '패러다임'이라고 지칭했습니다. 우리가 흔히 사용하는 '패러다임의 전환'이라는 말은 우리가 믿고 있는 진리가 변한다는 것입니다.

아인슈타인은 새로운 패러다임을 받아들이지 못하고 자신의 패러다임에 갇혀 있었습니다. 두 이론 모두 자신의 일반 상대성 이론에서 출발하였지만 다른 길로 걸어가고 있었습니다. 아인슈타인은 우주가 변화하지 않도록 묶어 두었던 자신의 우주상수에 매달려 새로운 세상을 보지 않았습니다. 하지만 보지 않는다고 해서 보이지 않는다고 해서 참다운 세상이 사라지는 것은 아닙니다. 진리는 늘 우리 곁에 있습니다. 단 보이지 않거나 보지 않기 때문에 만날 수 없는 것입니다.

우주 크기에 관한 대논쟁(The Great Debate)

새플리   커티스[72]

애초에 우주는 원시원자라는 아주 작은 물질의 폭발에 의해 팽창하여 만들어졌다는 르메트르에 말에 대한 과학자들의 다양한 증거를 찾기 위한 노력은 망원경의 발달과 함께 새로운 관측 증거들이 쏟아져 나오게 되었습니다. 이러한 관측은 우주의 크기에 대한 논쟁을 만들어 내었습니다. 우리 지구가 있는 은하가 우주의 다인지 아니면 우리 은하 너머에도 다른 우주가 존재하는지에 관한 논쟁은 우리가 어디에 있는지를 밝히는 가장 기본적인 내용이기 때문입니다.

논쟁의 시작은 미국의 두 천문학자인 새플리와 커티스로부터 시작됩니다. 두 사람은 안드로메다은하가 우리은하에 속해 있는 은하인지 아니면 우리은하 밖에 있는 새로운 은하인지에 대한 논쟁입니다.

새플리는 안드로메다성운(안드로메다가 만약 우리은하 안에 있다면 은하보다 작은 성운의 형태)은 당연히 우리은하 안에 존재해야 한다고 주장합니다. 우리은하(은하수)가 우주의 전체이기 때문입니다. 만약 안드로메다가 우리은하 밖에 있다면 그 곳에서 발견되는 별들이 그렇게 밝을 수는 없다는 것입니다. 반면 커티스는 안드로메다에서 관측되는 밝은 별은 우리은하의 별들보다 훨씬 더 많기 때문에 밝게 보이는 것이라고 주장합니다. 단

---

72) http://img.ezinemark.com/imagemanager2/files/30004252/2011/01/2011-01-20-22-58-37-1-whether-the-debates-result-went-both-scientist.jpeg

지 별이 밝다고 해서 가까이 있다는 것은 말이 안 된다는 이야기로 섀플리를 반박합니다.

성운, 은하 그리고 안드로메다

말머리성운[73]

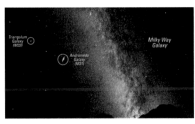

안드로메다은하[74]

성운(星雲, Nebula)은 우주를 이루는 물질이 구름처럼 모여서 만들어진 것으로 대표적인 성운은 오리온자리의 말머리성운입니다. 은하(銀河, galaxy)는 우주를 이루는 성운, 성간물질, 항성 등의 많은 별들이 모여서 만들어진 거대한 천체를 이르는 말로, 안드로메다은하는 우리은하(은하수, 銀河水, milky way)에서 가장 가까운 은하로 약 250만 광년 떨어져 있습니다.

두 사람의 논쟁은 누가 옳은지를 놓고 각각의 학자들로 나누어져 의견이 팽팽하게 대립되고 있었습니다. 이 논쟁의 결과에 따라 우리의 우주의 크기가 결정되기 때문에 매우 중요한 이야기입니다. 우주의 크기에 따라 우주가 팽창하는지 아니면 아무 미동도 없이 가만히 정지해 있는지에 대한 추가적인 이야기가 결정될 뿐만 아니라 우주 나이 그리고 거

---

73) https://upload.wikimedia.org/wikipedia/commons/thumb/d/d3/Horsehead_Nebula.
jpg/300px-Horsehead_Nebula.jpg

74) http://1.bp.blogspot.com/-Z7IfuOV-tBI/UslJUGoF0rI/AAAAAAAAaO4/TyXjPDSDm-U/s1600/
colliding-galaxies-milky-way-andromeda-triangulum.png

꾸로 되돌려 우주가 어떻게 민들이지게 되었는지에 대힌 이후 이야기의 방향이 결정되기 때문입니다. 대논쟁의 결론은 섬세한 여성 과학자에 의해 그 실마리가 풀리기 시작합니다.

대논쟁에 마침표를 찍은 위대한 여성 헨리에타 리비트

헨리에타 리비트[75]

"인간이 만들어가는 역사에서 남성과 여성, 어느 쪽이 더 많은 일을 해냈는가?"라는 질문을 받는다면 여러분은 어떤 답을 선택하시겠습니까? 어쩌면 이 질문은 아주 어리석은 질문일 수 있습니다. 인간을 만들어 내는 것은 남성과 여성의 아름다운 연결이 고리에 고리를 물고 만들어지는 것이기 때문입니다. 하지만 과학의 역사에서는 매우 불평등해 보이는 일이 너무도 많이 있었습니다. 과학 영역에선 여자의 접근을 매우 신성하지 못한 것으로 여겼으며, 과학이란 새로운 진리의 발견이기 때문에 그 진리를 발견할 능력은 오로지 남자에게만 있다는 굳은 믿음이 있었습니다. 하지만 퀴리는 자신을 희생하며 방사능이라는 물질을 찾아내었으며, 2부에서 다루겠지만 로잘린느 프랭크린은 인간 DNA연구의 큰 길을 연 여성입니다. 우주에 관한 일도 마찬가지입니다.

75) https://upload.wikimedia.org/wikipedia/commons/4/46/Leavitt_henrietta_b1.jpg

별들이 얼마나 멀리 있는지를 측정하는 데 혁신적인 아이디어를 만든 인물이 바로 헨리에타 리비트(1868-1921)입니다. 리비트는 소리가 잘 들리지 않는 장애에도 불구하고 여성 특유의 꼼꼼함과 꾸준함으로 무려 2,400개의 변광성을 발견하여 우주에 관한 대논쟁에 마침표를 찍었습니다. 그녀의 발견으로 우주의 크기는 상상할 수 없을 정도로 커지게 됩니다.

별 사진을 분석하는 컴퓨터들의 모습[76]

리비트는 하버드 대학교 천문대에서 컴퓨터(computer)로 근무했습니다. 당시 천문대에서는 여성들을 모집하여 아주 낮은 임금으로 남자들이 찍은 별 사진들을 분석하는 일을 시켰는데 이 일을 하는 여성들을 컴퓨터라고 불렀다고 합니다.

리비트는 아주 성실하게 자신에게 주어진 일에 집중하였습니다. 그녀는 사진을 분석하던 중 똑같은 별이 때로는 밝게 때로는 좀 어둡게 변하는 것을 발견합니다. 그녀가 발견한 별이 바로 우주를 넓혀줄 '변광성(變光星, variable star)'입니다.

---

76) http://upload.wikimedia.org/wikipedia/commons/5/5a/Astronomer_Edward_Charles_ Pickering's_Harvard_computers.jpg

변광성은 별 내부의 온도와 밝기가 주기적으로 변하는 별입니다. 별의 온도가 낮을 때는 자체의 중력으로 인해 별 부피가 줄어들어(수축) 밝기는 어두워집니다. 수축된 별은 또다시 서로의 압력으로 인해 더 많은 에너지가 만들어져 온도가 올라가게 되고 다시 팽창하여 밝게 빛납니다. 팽창하는 동안에 별 내부에서 만들어진 에너지는 빛으로 방출되고 다시 온도가 낮아지면 수축하게 됩니다. 이러한 과정이 일정한 시간(주기)으로 반복적으로 일어나게 되고, 별의 밝기도 변하게 됩니다. 이러한 별을 변광성이라고 부릅니다. 아무 변화가 없을 것 같은 북극성도 자세히 살펴보면 변광성입니다.

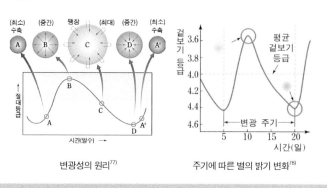

변광성의 원리[77]   주기에 따른 별의 밝기 변화[78]

　　당시에는 밝게 빛나는 별은 가까이 있는 별이고 어두운 별은 멀리 있는 별이라는 것이 일반적인 지식이었습니다. 하지만 리비트는 밝다고 해서 가까이 있는 것도 아니고 어둡다고 해서 멀리 있는 별이 아니라는 것을 알게 되었습니다. 그리고 밝고 어두운 주기가 길수록 더 밝은 별이라는 것도 알아내었습니다. 이것이 바로 리비트의 법칙입니다. 리비트의

77) http://cfile215.uf.daum.net/image/140EBF3C4FAF9F4E109E38

78) http://study.zumst.com/upload/00-T33-00-11-01/%EC%9D%B4%EB%AF%B8%EC%A7%80%202.png

법칙은 주기가 긴 별일수록 더 밝다는 것입니다.

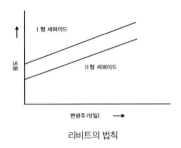

리비트의 법칙

표를 보면 주기가 길어질수록 세페이드 변광성들도 더 밝아진다는 것을 확인할 수 있습니다. 리비트의 발견은 별까지의 거리를 측정하는 방법으로 활용됩니다. 먼저 하늘에서 반짝이는 별을 발견하였습니다. 그별이 밝아졌다 어두워졌다 하는 주기를 측정합니다. 주기를 측정할 때, '거리=속력(빛의 속력 일정)×시간(주기)' 이라는 방정식에서 속력은 빛의 속력입니다. 빛의 속력은 초속 30만㎞로 변하지 않습니다. 시간은 그 별과 밝기 등급이 같은 변광성을 통해 계산한 값을 찾습니다. 그러면 빛이 우리 눈에 도달하는 시간을 알 수 있습니다. 시간과 속력을 알면 자연스럽게 별까지의 거리를 알 수 있게 되는 것입니다.

리비트의 연구는 연주 시차를 이용하여 별까지의 거리를 측정하는 이전의 방법을 대신하여 별까지의 거리를 측정하는 표준방법으로 자리 잡았습니다. 그녀는 노벨상 후보로 추천됐지만, 추천되기 전에 죽음을 맞이하게 됩니다.

한 여성의 성실하고 집요한 노력이 우리가 어디에 있는지에 대한 답에 한 걸음 더 가까이 다가가게 만들었습니다. 현재를 되돌아보면 지금도 많은 여성들이 과학과 역사의 최전선에서 자신의 능력을 제대로 인정받

는시 한 번쯤은 되돌아보아아 힐 깃입
니다. 리비트의 연구는 우주 연구의 획
기적인 발견을 만들어낸 위대한 허블로
이어집니다.

달의 리비트 크레이트[79]

우주의 크기를 넓힌 에드윈 허블

'허블(1889-1953)'이란 이름은 어디에선가 한 번
쯤은 들어 보았을 것입니다. 바로 미항공우주
국(NASA)에서 말이죠. 여기에서 허블은 '허블우
주망원경'을 이야기합니다. 아이들은 간혹 허블
우주망원경을 허블이 만들었다고 알고 있는 경
우가 있습니다. 허블우주망원경은 망원경을 이
용하여 팽창하는 우주를 발견한 허블의 이름을 기념하기 위해서 붙어
진 이름입니다.

---

79) http://41.media.tumblr.com/1795155be64a50a46191623604967734/tumblr_
my6e7nmyP71sln59ro1_500.jpg

허블우주망원경[80]

허블이 우주를 관측한
윌슨 산 천문대[81]

　1889년 미국에서 태어난 허블은 어렸을 때 할아버지가 만들어 준 망원경으로 하늘의 별을 보는 일을 무척 즐겼다고 합니다. 하지만 아버지는 허블이 법을 공부하기를 원했습니다. 그래서 허블은 영국의 옥스퍼드 대학으로 유학을 가 법학을 공부합니다.

　허블은 아버지가 돌아가시자 미국으로 돌아와 그토록 하고 싶었던 천문학을 공부합니다. 그리고 당시 미국에서 가장 큰 망원경이 있는 윌슨 산 천문대에서 근무하게 됩니다. 그곳에는 대논쟁의 한 사람인 섀플리가 책임자로 있었는데 그는 허블과는 완전히 반대 성향을 가진 사람이었기 때문에 두 사람은 사이가 좋지 않았습니다. 허블은 아주 자유분방하고 자신의 업적을 자랑하길 좋아하는 사람인 반면 섀플리는 아주 엄격하고 전통 규범을 중시하는 사람이었습니다. 허블은 섀플리가 자신의 상사였기 때문에 늘 조심스러웠다고 합니다. 그리고 허블은 공공연히 안드로메다가 우리은하 안에 있다는 섀플리의 주장에 동의하기보다 커티스의 안드로메다는 우리은하 밖에 있다는 의견에 동조했기 때문에 섀

---

80) http://cfile21.uf.tistory.com/image/22202949513036DF1C9523

81) https://unendlicheweiten.files.wordpress.com/2011/09/edwin-hubble-and-mt-wilson.jpg

플리는 더욱 허블이 마음에 들지 않았습니다.

그러던 중 갑자기 새플리가 하버드 천문대 대장으로 자리를 옮기게 됩니다. 그때부터 허블은 자신이 관측하고 싶은 별을 관측하는 데 대부분의 시간을 보냅니다. 얼마나 열심히 했는지 겨울에도 망원경으로 별을 관측하다 눈썹이 망원경의 접안렌즈에 얼어붙어버린 적도 있었습니다. 허블은 진정으로 별을 관측하는 일이 즐거웠습니다.

허블이 안드로메다를 열심히 관측하고 사진을 찍던 중 아주 밝은 별 하나를 발견합니다. 허블은 그것을 새롭게 탄생한 별 신성(新星, nova)이라고 판단했습니다. 하지만 몇 개의 사진을 더 분석해 보니 이 밝은 별은 신성이 아니라 세페이드 변광성이었습니다. 허블은 리비트의 연구를 다시 검토하여 이 별의 밝기를 계산해 보니 태양보다 무려 7,000배나 더 밝은 별이라는 것을 알아냈습니다. 허블은 이 변광성의 밝기와 주기를 이용하여 거리를 계산해 보니 지구로부터 90만 광년 거리에 있다는 계산이 나왔습니다. 당시만 해도 우리 은하의 길이는 10만 광년이었습니다. 허블의 관측과 결과로 새플리는 엄청난 충격에 빠졌고 대논쟁은 결국 커티스의 승리로 막을 내렸습니다. 허블에 의해 안드로메다는 성운에서 새로운 독립적인 은하로 승격하게 됩니다.

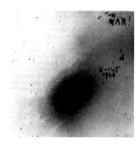

허블이 촬영한 안드로메다 근처의
변광성[82]

사진의 오른쪽 위를 보면 두 개의 긴 점이 보입니다. 허블은 처음에는

82) https://s-media-cache-ak0.pinimg.com/736x/dc/0a/cf/dc0acfd99454ed8f0bf148dee01d1d25.jpg

우리가 꼭 알아야 할
두 가지
과학 이야기

신성이라는 뜻의 N(nova)이라고 표시합니다. 그 뒤로 그 별이 변광성이라는 것이 밝혀지자 N을 지우고 변광성이라는 뜻의 VAR(variable star)로 다시 표기했습니다. 신성(新星)은 새롭게 만들어지는 별로 핵융합 반응에 의해 매우 밝게 빛나는 별입니다. 자세한 내용은 별이 만들어지는 원리에서 설명하겠습니다.

허블은 관측을 멈추지 않고 또 다른 결과를 만들어 내기 위해 도전을 시작해 나갑니다. 그는 우주가 엄청나게 넓다는 사실을 바탕을 이 우주가 무엇으로 가득 차 있는지 매우 궁금했습니다. 그래서 망원경에 빛을 분석하는 분광기를 달아서 우주를 구성하고 있는 물질을 관측했습니다. 우선 허블의 관측을 따라잡기 위해서는 몇 가지 기본적인 지식이 필요합니다.

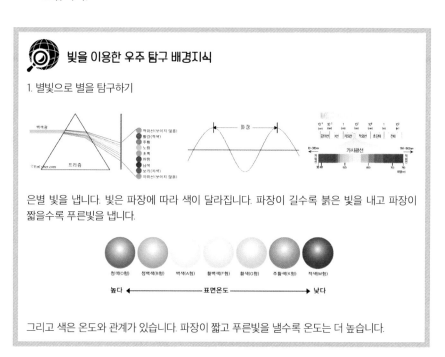

🔍 빛을 이용한 우주 탐구 배경지식

1. 별빛으로 별을 탐구하기

은별 빛을 냅니다. 빛은 파장에 따라 색이 달라집니다. 파장이 길수록 붉은 빛을 내고 파장이 짧을수록 푸른빛을 냅니다.

그리고 색은 온도와 관계가 있습니다. 파장이 짧고 푸른빛을 낼수록 온도는 더 높습니다.

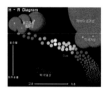
〈그림14〉[83]

그러므로 푸른빛의 별은 온도가 아주 높은 별이고, 붉은 빛의 별은 상대적으로 온도가 낮은 별입니다. 그림과 같이 태양은 중간쯤의 온도를 지닌 별이고 변광성은 아주 밝은 별입니다. 푸른 별은 새롭게 태어난 별이며 붉은 별은 곧 죽음을 맞이할 늙은 별이라고 할 수 있습니다. 또한 빛스펙트럼으로 별의 구성물질도 알 수 있는데, 이것은 금속의 불꽃반응과 관련 있습니다.

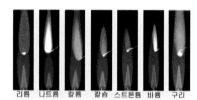
여러 가지 금속의 불꽃 반응

물질에 따라 불꽃 반응을 했을 때 저마다 독특한 색을 만들어 냅니다. 이를 별빛에 적용하면 별을 구성하고 있는 물질을 대략적으로 이해할 수 있습니다.

〈그림15〉[84]

이러한 분석으로 여러 학자들의 관측 결과 지구를 구성하고 있는 물질이 전 우주에 존재한다는 결론이 만들어졌습니다.

---

83) http://studykey.net/earth2/images/h-rnew.jpg

84) http://farm.resources.ebs.co.kr/edrb/thumb/201201/VOD_20120106_00454_THM.jpg

2. 도플러 효과와 별의 운동

갈릴레오 이후 많은 사람들은 별이 움직이지 않는다고 생각했습니다. 하지만 혜성을 발견한 애드먼트 핼리는 별은 고정되지 않고 움직인다는 주장을 했습니다. 하지만 별이 움직인다는 것을 쉽게 밝혀낼 수 없었습니다. 별이 움직인다는 것을 알 수 있는 가장 효과적인 방법은 도플러효과를 별빛과 연결하는 것입니다.

도플러 효과는 소리를 내는 물체가 관측자에게 가까워지면 점점 크게 들리고 멀어질수록 점점 작게 들린다는 것입니다. 이것은 아주 당연한 일입니다. 소리는 공기의 진동으로 만들어지기 때문에 관측자에게 물체가 달려올 때 파장이 짧아져 소리의 진동(진폭)이 커져 크게 들리고 멀어지면 파장이 길어져 소리의 진동(진폭)이 작아져 작게 들리는 것입니다.

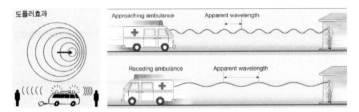

도플러효과를 별의 운동에 적용해 보면 별이 운동하는 방향을 알 수 있습니다. 별이 관측하는 사람으로부터 멀어지면 파장이 길어져서 붉게 보이고, 반대로 별이 관측하는 사람에게 가까워지면 파장이 짧아져 푸르게 보입니다. 이것을 어려운 한자로 표현하면 멀어져서 붉게 보이는 현상을 적색 편이(赤色偏移, redshift)라 하고, 반대로 가까워지면서 푸르게 보이는 현상을 청색 편이(靑色偏移, blueshift)라고 합니다.

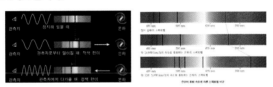

별의 운동에 따라 달라져 보이는 색 변화[85]

---

85) http://study.zumst.com/upload/00-T33-00-11-03/%EC%9D%B4%EB%AF%B8%EC%A7%80%20
009.png

베스토 슬라이퍼

허블이 이러한 노력을 하던 중 미국의 전문 학자 슬라이퍼는 20개의 별을 관측하여 은하들의 적색 편이를 관측합니다. 허블은 슬라이퍼(1875-1969)의 관측 결과를 증명할 각오로 더욱 열심히 은하들의 적색 편이 현상을 관측합니다.

허블은 자신의 관측 결과를 바탕으로 은하가 멀어지는 속도와 은하 거리까지의 관계를 정리한 허블의 법칙을 만들게 됩니다.

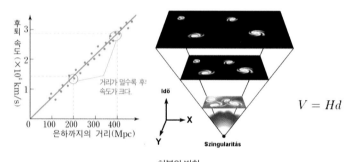

$V = Hd$

허블의 법칙
〈그림출처〉: http://study.zum.com/book/12977

은하가 멀어지는 후퇴속도(V)는 은하의 거리(d)와 비례합니다. 은하의 거리가 두 배 멀다면 그 은하가 멀어지는 속도도 두 배 더 빠르다는 것입니다. 허블의 관측은 우주가 점점 더 늘어나고 있다는 우주팽창의 강력한 증거를 만들었습니다. 하지만 많은 사람들은 늘 그렇듯 허블의 관측 결과를 받아들이는 데 주저했습니다.

이야기에 의하면 아인슈타인 부부가 직접 윌슨 산 천문대를 방문하여 허블의 관측을 확인했다고 합니다. 확인하기 전에 아인슈타인 부인은 거대한 망원경을 보고 "내 남편(아인슈타인)은 이런 거대한 망원경 없이 단지 메모지 한 장이면 우주를 설명할 수 있다."고 자신만만했다고 합니다. 잠시 후 허블의 관측을 확인한 아인슈타인은 자신이 붙들고 있었던 우주상수가 실수라는 것을 인정합니다.

이로써 우주는 고정되어 있는 것이 아니라 점점 커지고 있다는 것이 밝혀졌습니다. 이 발표로 허블은 위대한 천문학자로 우뚝 서게 됩니다. 그리고 아인슈타인에 가려져 있던 프리드만과 르메트르를 다시 살려 냅니다. 그리고 팽창하는 우주를 거꾸로 돌리면 한 점에서 만나게 되는데, 이 한 점에 과연 무엇이 있었는가에 대한 의문으로 다시 돌아가게 됩니다.

우주를 구성하는 물질

우주에서 가장 많이 존재하는 물질은 수소입니다. 그리고 두 번째가 헬륨입니다. 하지만 지구는 대부분 무거운 철로 구성돼 있습니다. 바다는 우리가 알고 있는 물로 만들어져 있고 물은 수소와 산소로 이루어져

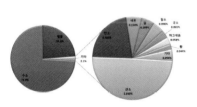

우리 은하를 이루는 물질 분포

있습니다. 우리가 호흡하는 공기 즉, 대기는 질소와 산소가 대부분입니다. 허블의 발견으로 르메트르가 이야기한 우주가 어떤 한 점, 즉 원시원자에서 시작되었다면 그 한 점에 세상의 모든 것들이 다 들어있어야 한다는 것입니다. 이것은 참으로 받아들이기 어려운 것입니다.

우주를 이루고 있는 수많은 물질과 원소주기율표에 있는 많은 물질들이 어떻게 존재하게 되었을까요. 그것을 이해하기 위해서는 먼저, 물질을 이루고 있는 원자의 비밀을 이해하는 것이 중요합니다.

PERIODIC TABLE OF THE ELEMENTS

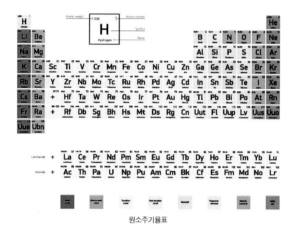

원소주기율표

 **원자의 역사**

1. 원자 내부에서 만들어지는 에너지를 발견한 마리퀴리

원자에 대한 이야기는 먼저 마리퀴리부터 시작하는 것이 좋습니다. 왜냐하면 우리가 지금 한 개의 원자가 우주에 존재하는 모든 물질을 만들었다는 것에 대한 이해가 필요하기 때문입니다. 그러므로 한 개의 원자가 어떤 과정을 거쳐 수많은 다른 원자로 만들어졌는지에 대해 알아야 합니다.

우리가 잘 알고 있듯이 마리퀴리는 라듐이라는 방사능 물질을 발견합니다. 라듐은 우라늄보다 더 강력한 방사능 에너지를 가지고 있습니다. 먼저 방사능물질이란 방사선(放射線, radioactive rays)을 내는 물질입니다. 방사선은 빛 또는 물질의 형태로 되어 있습니다. 이 방사선은 동물과 식물의 유전자를 파괴하거나 변형시킵니다. 또한 방사선에서 나오는 에너지는 매우 강력합니다. 퀴리가 발견한 라듐 1kg에서 나오는 방사선으로 물 1L를 30분 만에 끓게 만들 수 있습니다. 라듐은 에너지를 한번에 쏟아 내는 것이 아니라 주기적으로 만들기 때문에 물을 한 번만 끓이는 것이 아니라 30분마다 주기적으로 물을 끓게 할 수 있습니다.

퀴리가 라듐을 발견할 당시에는 스스로 빛과 에너지를 내는 라듐이 사람의 인체에 해로운 것이라는 것을 알지 못했기 때문에 신비한 힘(젊어지는)을 가진 물질로 오해를 하여 많은 사람들이 라듐을 활용한 다양한 물건을 만들어 사용하거나 판매하였습니다. 심지어 라듐이 포함된 물을 먹기도 하였습니다.

라듐치약   라듐물   라듐초콜릿   라듐시계

퀴리는 라듐과 같은 물질의 원자 내부에 어떤 강력한 에너지가 있다는 사실을 알게 됩니다. 이 강력한 에너지가 어떻게 만들어지며 다른 원자로 변화되어 가는지는 다른 사람의 몫으로 넘기고 그녀는 결국 방사선 오염으로 백혈병에 걸려 세상을 떠나게 됩니다.

2. 원자 연구의 역사

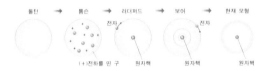

원자연구의 발전 과정

원자가 어떻게 생겼는지에 대한 연구 이야기는 아주 흥미롭습니다. 과학자들 간의 논쟁과 발견의 기쁨 그리고 연구과정에서 만들어진 에피소드는 어떤 소설보다도 재미있습니다. 그러니 여기에 소개되는 인물에 대한 이야기를 꼭 찾아 다시 한 번 읽어보길 권장합니다.
먼저 돌턴은 모든 물질은 원자로 만들어져 있다는 이야기로 원자 이야기를 처음으로 시작한 인물입니다. 하지만 그가 말한 원자 이야기가 현재에는 맞지 않습니다. 그는 원자는 더 이상 쪼개질 수 없다고 말했지만 지금은 원자핵을 구성하는 양성자와 중성자로 나눌 수 있습니다. 그리고 한 원자는 다른 원자로 바뀌지 않는다고 했지만, 현재는 핵융합과 분열을 통해 우라늄이 플루토늄으로 변화되듯이 바뀔 수 있습니다. 그리고 한 개의 원자는 다른 원자로 바뀌지 않으며 질량이 변하지 않는다고 했는데 성질은 같지만 질량이 다른 동위 원소가 발견되었습니다. 수소 동위원소는 별이 만들어지는 과정에서 아주 중요하게 다루어집니다.

돌턴 원자의 특성인 더 이상 쪼개지지 않는다는 것이 아님을 밝힌 인물은 톰슨(Joseph John Thomson, 1856.12.18-1940.08.30)입니다. 톰슨은 오로지 연구에만 집중한 실험가이며 위대한 과학자입니다. 그는 유명한 음극선 실험을 통해 원자에 전자가 있다는 것을 밝혀냅니다. 전자는 음의 전기를 띠고 그것이 자기장에 만들어진 +극 쪽으로 휘어지는 현상을 보고 원자에는 -전기를 띤 전자가 있다는 것을 발견하였습니다.

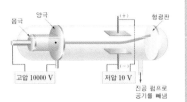
톰슨의 음극선 실험

러더퍼드(Ernest Rutherford, 1871.08.30-1937.10.19)는 뉴질랜드에서 태어났습니다. 자라면서 과학에 관심이 많고 특별한 능력을 보였던 그는 영국으로 유학가게 되고 캐나다 맥길대학교에서 교수생활도 합니다. 그는 캐빈디시 연구소에서 톰슨과 함께 연구하기도 합니다. 러더퍼드는 동료 한스 가이거와 어니스트 마즈덴과 함께 알파선 산란실험에서 원자핵이 존재한다는 것을 밝혀냈습니다.

알파선 산란실험

그들은 플루토늄을 납으로 싸인 통에 넣고 방사선인 알파입자(+전기를 띰)를 얇은 금박에 쏘았습니다. 대부분의 알파입자는 금박을 통과하였지만 가끔은 통과하지 못하고 반사되어 튕겨 나오는 입자들을 발견합니다. 그래서 러더퍼드는 원자의 가운데 +전기를 띤 핵이 존재한다는 것을 밝혀냅니다.
러더퍼드 모형을 살펴보면 태양 주위를 지구가 돌고 있듯이 원자핵 주위를 전자가 돌고 있는 모양을 하고 있습니다. 러더퍼드 모형을 수정하고 이른바 양자역학의 출발을 알린 인물은 닐스보어입니다. 보어는 러더퍼드의 모형에서 전자가 에너지를 주고받을 때 그 위치가 달라진다는 것을 이야기하였습니다.

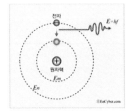 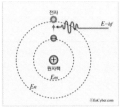
에너지 흡수와 방출에 의한 전자의 위치 변화
〈그림출처〉: http://cfile223.uf.daum.net/image/213B5C4F51F4897503EED8

전자가 에너지를 얻으면(흡수) 좀 더 높은 수준의 위치로 올라가고 에너지를 잃으면(방출) 낮은 수준으로 떨어진다는 것입니다. 보어는 에너지의 출입에 따라 원자 형태가 달라진다는 것을 발견했습니다.

현대의 원자모형을 이른바 '불확정성의 원리'라고 합니다. 이 말을 간단히 설명하면 원자 속에 있는 전자의 위치를 알기 어렵다는 것입니다. 왜냐하면 에너지 수준에 따라 달라지기 때문입니다. 그러므로 이 말은 전자가 확률적으로 존재한다는 말이기도 합니다. 아인슈타인은 '신은 주사위 놀이를 하지 않는다.'라는 유명한 말로 이 말을 반박하기도 하였습니다.

불확정성과 양자역학은 재미있기도 하지만 충분한 이해를 위해서는 많은 노력과 시간을 내어야 하기 때문에 여기서 마무리하기로 하고 여러분들이 꼭 시간을 내어 더 많은 정보를 얻게 되기를 기대합니다.

3. 원자의 크기

수소 원자

탁구공

원자 모형   수소원자와 탁구공 크기 비교

우리가 사용하고 보고 있는 모든 물체와 물질은 원자로 이루어져 있습니다. 하지만 원자의 구조를 살펴보면 거의 모든 공간이 텅 비어 있다는 것을 알 수 있습니다. 그리고 원자의 질량은 아주 작은 한 점과 같은 부분에 집중되어 있습니다. 전자가 회전하는 궤도와 핵 사이의 이 빈 공간은 무엇으로 이루어져 있으며, 한 점에 몰려 있는 질량은 또 어떻게 그렇게 되었는가에 대한 깊은 호기심은 원자를 점점 늘려 만들어지는 우주와 연결되어 있습니다.

질량은 있지만 전기가 없는 중성자

러더퍼드는 자신의 실험에서 한 가지 의문점을 만납니다. 원자핵 속에 양성자 이외에 전하를 가지고 있는 어떤 물질이 있을 수 있다는 것입니다. 원소마다 질량이 조금씩 차이가 나기 때문입니다. 원소의 질량은 양성자 수만으로는 완성되지 않기 때문입니다. 간단히 수소 동위 원소를 이용하여 설명하면 다음과 같습니다.

수소 동위 원소　　　　　　　　　　　　　　원소 표시

수소는 기본적으로 양성자와 전자가 각각 하나씩 있는 구조입니다. 하지만 이 수소보다 질량이 무거운 중수소는 원자핵에 양성자, 중성자가 하나 더 있고, 삼중수소는 두 개 더 있는 구조입니다. 이렇게 되면 같은 수소라 하더라도 질량이 달라집니다. 따라서 전기적으로 균형을 이루어야 하므로 중성자는 질량은 있지만 전기적 성질은 사라지게 됩니다. 이러한 중성자의 발견은 한 개의 원자가 다른 원자로 변환될 때 아주 중요한 역할을 하게 됩니다.

중성자는 러더퍼드의 제자 채드윅(1935년, 노벨물리학상 수상)이 발견합니다. 이 발견은 원자핵은 양성자와 중성자로 이루어져 있으며, 중성자 수의 변화로 원자는 또 다른 원자로 변화할 수 있다는 것을 말해 줍니다. 그리고 이 변화(융합, 분열) 과정에서 에너지가 만들어진다는 것을 말해 줍니

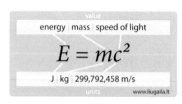

질량 에너지 등가원리

다. 이 에너지 변화는 질량의 변화에 의한 것이며 곧 아인슈타인의 유명한 방정식 질량 에너지 등가 원리 'E=mc²'에 의해 설명됩니다.

아인슈타인의 질량-에너지 등가원리 방정식에 의하면 조그마한 질량의 변화도 빛의 속도 제곱수가 엄청난 크기이기 때문에 에너지의 양은 상상할 수 없을 정도로 커지게 됩니다. 이 원리는 앞으로 만나게 될 별 (항성)이 어떻게 빛과 열을 내게 되는지에 대한 기본적인 설명을 만들게 됩니다. 앞에서 퀴리에 의해 발견된 방사성물질 라듐 또한 이 중성자에 의한 질량의 변화로 인해 빛을 발생하게 되는 것입니다.

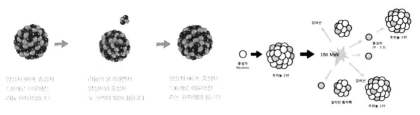

중성자의 변화로 질량이 변화하면 변화된 질량만큼 빛과 에너지가 생김

한 개의 라듐 원자핵은 양성자 88개와 중성자 138개로 구성됩니다. 불안정한 라듐 원자핵은 안정화되기 위해 붕괴되는데, 이 과정에서 양성자와 중성자가 분리되면서 질량이 변화가 생기게 되고 질량의 변화는 에너지를 만들어 냅니다.

일반적으로 무거운 질량의 우라늄 원자에 중성자를 충돌시키면 우라늄이 붕괴되면서 또 다른 중성자를 만들어 내고 우라늄은 분열됩니다. 이 과정에서 아주 높은 에너지가 발생하게 되고 연쇄적으로 이 반응이 일어납니다. 발생되는 열로 물을 끓여 터빈을 돌려 전기를 만들어내는 것이 일

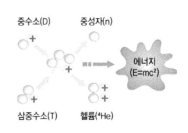

핵융합에 의한 질량 변화로
만들어 지는 에너지

반적인 원사력발전소에서 전기를 만들어내는 원리입니다.

우주의 탄생과 관련해서 우리가 주목해야 할 것은 핵분열보다는 핵융합에 의해 에너지가 만들어지는 과정입니다. 중수소와 삼중수소가 충돌하면 양성자는 2개가 되고 중성자는 3개가 됩니다. 이때 양성자와 중성자 수가 맞지 않아 한 개의 중성자는 밖으로 나오고 두 개의 양성자와 중성자가 만나 안정된 헬륨이 됩니다. 그러면 떨어져 나간 중성자 한 개로 인해 질량의 변화가 생기고 에너지등가원리($E=mc^2$)에 의해서 에너지가 만들어지게 됩니다. 따라서 원자의 질량 변화로 인해 에너지가 만들어지는 원리는 핵융합과정 입니다. 결국 우주의 다양한 물질을 만들어 내는 과정이 핵융합 과정이라고 할 수 있습니다.

간단히 핵분열과 융합을 비교해 보면 분열이라는 것은 무엇인가가 나누어져야 하기 때문에 작은 질량의 원자에서는 일어나기 어렵습니다. 반대로 핵융합은 큰 질량의 원자들에게는 잘 일어나지 않습니다. 왜냐하면 핵융합의 과정을 거쳐 안정된 상태로 만들어져 있는 물질들이 대부분이기 때문입니다. 그래서 모든 질량이 큰 원자들이 핵분열을 일으키지 않고 일부 불안정한 원자들 즉, 방사능 물질들이 핵분열을 일으키는 것입니다.

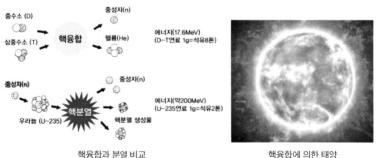

핵융합과 분열 비교   핵융합에 의한 태양

그러므로 원소주기율표의 가운데 부분에 있는 안정된 물질들이 지구를 만들어 내고 지구에 가장 많이 존재하는 철 같은 안정된 물질은 핵분열과 융합이 일어나지 않습니다. 핵분열과 융합의 과정에서 발생하는 에너지의 크기를 비교해 보면 핵융합 과정에서 에너지가 훨씬 더 많이 나옵니다. 그래서 원자폭탄 중에서도 핵분열 과정에서 만들어지는 원자폭탄(플루토늄탄)보다 핵융합 과정에서 만들어지는 수소폭탄이 더 큰 위력을 만들어 냅니다. 물론 원자력발전소도 핵분열보다는 핵융합이 비용대비 훨씬 더 많은 전력을 만들어 낼 수 있습니다. 하지만 기술적인 문제와 안전 문제가 있기 때문에 아직은 핵분열 발전소가 더 많습니다. 태양도 수소가 융합하여 헬륨으로 바뀌는 과정에서 에너지를 만들어 냅니다.

여기서 우주 이야기에 다시 초점을 맞추어 보면 원자의 융합과 분열 과정이 우주에서 반짝이고 있는 수많은 별과 연결됩니다. 핵융합과정은 태양이 빛과 열을 내는 과정과 같습니다. 러더퍼드와 채드윅으로 시작된 원자의 비밀은 간단한 몇 개의 원자들이 서로 융합하고 분열하는 과정에서 수많은 다른 원자들을 만들어낼 수 있다는 아이디어를 주었습니다. 이것으로 인해 우리는 별이 어떻게 만들어지고 별이 어떻게 빛을 내며 그리고 우주는 언제, 어떻게 만들어졌으며 지금의 우주는 어떤 모양이고 앞으로 어떻게 변해갈 것인지에 대한 더 깊은 고민과 호기심을 이어갈 수 있습니다.

별이 반짝이는 이유를 알아낸 후테르만스와 베테

후테르만스   한스 베테

'반짝 반짝 작은 별 아름답게 비치네.'

"하늘의 반짝이는 별을 본 적이 있습니까?"라는 질문을 갑자기 받는다면 어떤 대답을 할 수 있을까요? 물론 대부분의 사람들은 별을 보았기 때문에 "네."라는 대답을 할 것입니다. 그러면 "정말 별이 반짝였나요?" 하고 질문한다면 어떤 답을 할까요? 여러분들도 답을 한번 생각해 보십시오.

재미는 없지만 좀 더 과학적으로 이야기하면 별이 반짝이는 것이 아니라 빛이 어른거린다고 할 수 있습니다. 별 즉, 항성에서 만들어지는 빛은 한 번도 끊이지 않고 계속 빛을 냅니다. 하지만 지구 대기권으로 빛이 들어오면서 대기 중에 있는 공기의 밀도에 따라 빛이 굴절되거나 흔들리게 됩니다. 이 과정에서 별빛이 잠시 보였다 안보였다 하는 것처럼 보이게 됩니다. 대기가 없는 곳에서 별빛은 어른거리지 않을 것입니다. 이것은 과학적인 것이고, 문학적으로는 더 아름다운 용어를 쓰는 것이 더 좋겠습니다.

참고로 여기서 한 가지 확인할 것은 무엇을 별이라고 부를 수 있냐는 것입니다. 지구를 흔히들 '아름다운 초록별'이라고 하는 경우가 있습니다. 이 말은 과학적으로 이야기하면 틀린 말입니다. 왜냐하면 '별'이라는 명칭은 스스로 빛을 내는 항성의 경우만을 지칭하기로 약속되어 있기 때문입니다. 지구, 화성, 목성, 토성 같은 천체는 그냥 '태양계 행성'이라고 부릅니다. 그러므로 지구에서 가장 가까운 별은 태양이고 지구는 별이 아닙니다. 이 말도 문학적으로는 '아름다운 초록별'로 쓰고 단지 과학적으로는 맞지 않다는 것만 알고 있으면 좋겠습니다.

그럼 별이 어떻게 빛을 내게 되는지 알아보아야 합니다. 이것을 밝힌 과학자는 후테르만스(1903-1966)입니다. 그에 대해 아주 낭만적인 이야기가 있습니다. 그는 별이 빛나는 원리를 알아낸 직후 여자 친구와 데이트를 하던 중 하늘에 떠 있는 별을 보며 "별이 참 아름답지, 나는 이제 별이 빛나는 원리를 알게 되었어."라는 말을 합니다. 이 말을 들은 여자 친구는 어떤 기분이 들었을까요? 아마도 아주 멋지다는 생각을 했을 것입니다. 후테르만스가 연구를 집중한 별은 바로 태양입니다. 태양은 수소들이 헬륨으로 융합되는 과정에서 발생하는 에너지로 빛과 열을 내게 됩니다.

좀 더 깊숙이 들어가면 수소 원자는 원자 간의 밀어내는 힘 즉, 반발력으로 쉽게 결합하지 못합니다. 하지만 원자 간의 간격이 좁아지면 원자핵 간의 서로 잡아당기는 인력이 작용합니다. 이것이 강한 핵력입니다. 이 강한 핵력은 수소 원자 간의 반발력을 이겨내고 서로 결합하여 헬륨이 됩니다. 이 과정은 수소가 헬륨으로 핵융합반응을 하는 위의 설명과 같은 것입니다. 낭만적인 후테르만스는 결국 그 여자 친구와 결혼하게 되었다고 합니다.

자연계에 존재하는 4가지 힘에 대하여

우리를 둘러싼 자연에는 눈에 보이는 두 가지 힘인 중력과 전자기력 그리고 눈으로 관찰되지 않는 강한 핵력(강력)과 약한 핵력(약력)이 있습니다. 중력은 거대한 행성들 사이에서 작용하는 힘이며, 전기력은 전자가 원자핵에 주변을 운동할 때 원자핵과 전자 사이에 작용하는 힘입니다. 강한 핵력은 양성자와 중성자의 결합에 관여하는 힘으로 가장 큰 힘입니다. 약력은 원자핵 안에 존재하는 쿼크들의 연결을 담당합니다. 이 네 가지 힘의 크기는 중력이 가장 약하고 다음이 약력 다음은 전자기력 그리고 제일 강한 힘은 강력입니다.

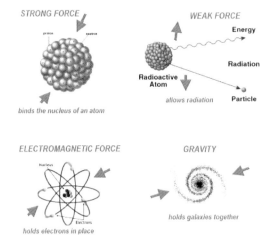

자연계에 존재하는 4가지 시계 방향으로 강력, 약력, 중력, 전기력

이 4가지 힘을 알아두는 것이 빅뱅 이후 우주가 어떻게 만들어졌는지를 이해하는 데 아주 도움이 될 것입니다.

한스 베테(1906-2005)는 태양이 빛을 낼 때 사용되는 연료인 수소가 헬륨으로 바뀌는 과정을 좀 더 과학적이고 수학적으로 분석했습니다. 태양 내부에서는 수소 핵융합 과정으로 높은 압력과 온도가 만들어지고 그 과정에서 헬륨이 만들어집니다. 1초마다 5억 8천 400만 톤 정도의 수소가 5억 8천만 톤의 헬륨으로 변화되고 이 과정에서 사라진 약 400만 톤의 질량은 에너지로 바뀌어 우리에게 빛과 열을 보내주고 있습니다.

태양이 현재 가지고 있는 수소의 양은 약 2톤 정도 된다고 하는데 이를 계산해 보면 앞으로 50억 년 정도는 더 헬륨을 만들어낼 수 있다고 합니다. 좀 뒤집어 이야기하면 50억 년 이후의 태양의 운명은 지금과 다른 모습일 것이며 지구 또한 어떻게 될지 짐작할 수 없습니다. 물론 지금의 지구와는 완전히 다르다는 것만은 확실합니다. 베테의 이러한 노력으로 이제 우주가 어떻게 만들어지게 되고 별들이 어떻게 탄생하게 되었는지에 대한 기본적인 실마리는 만들어졌습니다. 이제 팽창하는 우주를 주장한 최초의 인물을 만날 시간입니다. 그는 아인슈타인에게 인정받지 못했던 프리드만의 제자입니다.

빅뱅(Big Bang)

빅뱅의 첫 번째 주자 조지 가모브와 앨퍼

가모브   앨퍼

가모브(1904-1968)는 1904년 러시아에서 태어났습니다. 그는 아인슈타인의 우주 상수를 제거해야 한다고 주장한 알렉산더 프리드만의 제자입니다. 가모브는 원자와 핵의 관계에 대한 연구를 중점적으로 하였습니다. 러시아가 공산국가인 소련으로 바뀌면서 가모브는 소련을 탈출하려는 계획을 세웁니다. 그래서 흑해를 카누를 타고 건너 터키로 가려는 좀 황당한 계획을 준비하고 시도했지만 실패로 끝나고 맙니다.

그 후 그는 세계 과학자들의 모임인 솔베이회의에 참석하던 중 미국으로 망명합니다. 그는 미국에서 안정된 환경 속 에서 많은 연구를 하게 됩니다. 그는 원자핵을 연구하면서 우주의 탄생에 대해 연구하기 시작했는데, 그가 관심을 갖게된 것은 우주의 대부분을 차지하고 있는 수소와 헬륨의 양에 관한 것이었습니다. 그는 후테르만스와 베테 연구를 이어서 태양과 별에 관한 연구를 집중하던 중 은하의 구성물질 비율에 주목하였습니다.

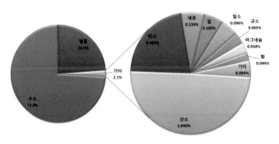

우리은하의 구성 물질

우주는 수소와 헬륨이 전체 98% 정도를 차지합니다. 나머지 2%에 다른 물질이 존재하는데 그중에서는 산소를 제외하면 탄소가 아주 많은 양을 차지합니다.

가모브는 이 우주가 수소와 헬륨으로 가득 차게 된 것은 우주가 처음 탄생할 때 수소와 헬륨과 관련된 어떤 일이 벌어졌을 것이라고 생각했습니다. 르메트르는 원시원자가 쪼개져서 다른 원자들이 만들어졌다고 이야기했습니다. 그러면 이 우주에는 수소나 헬륨보다는 철, 규소, 마그네슘 같은 안정된 원자들이 많이 있어야 합니다. 쪼개지는 방향은 원자들이 보다 안정된 방향으로 진행되기 때문입니다. 그러므로 수소와 헬륨처럼 가벼운 원자보다는 원소주기율표의 가운데 쯤 있는 안정되고 잘 변화하지 않는 원자들이 있어야 합니다. 하지만 지금의 우주는 수소와 헬륨이 대부분입니다.

가모브는 수소가 핵융합 반응을 일으켜 헬륨으로 변할 때 엄청난 에너지가 생긴다는 것을 베테의 연구를 통해 알고 있었습니다. 그래서 가모브는 우주를 거꾸로 돌려 수소만으로 이루어진 공간을 생각합니다. 수소에서 시작해서 수소가 헬륨으로 핵융합되며 지금처럼 수소가 제일 많고 다음이 헬륨인 것은 아주 당연한 일이 됩니다. 그런데 헬륨보다 더 무겁고 안정된 원소들이 존재하기 위해서는 여러 번의 핵융합이 있어야 합니다. 핵융합을 하려면 강력한 에너지가 필요한데 이때 필요한 에너지가 바로 빅뱅으로부터 시작되었다는 것이 가모브의 생각이었습니다.

가모브는 허블이 관측한 팽창하는 우주를 거꾸로 돌려 우주를 점점 작게 만듭니다. 작아진 우주는 큰 압력으로 밀도가 매우 커지고 높은 압력과 밀도는 높은 열을 만들어 냅니다. 높은 열은 원자들의 융합을 더욱 빠르게 진행시키다가 어느 순간 '뻥'하고 폭발이 일어나게 합니다.

가모브는 대략적으로 처음 우주의 온도와 지금 우주 온도를 어림하여 계산해 보니 거의 맞다고 생각했습니다. 그래서 수학에 재능이 있는 앨퍼(1921-2007)를 자신의 동료로 받아들여 그에게 우주에서 일어나는 수소 핵융합 반응 비율을 계산하게 합니다.

앨퍼는 탁월한 수학 실력과 성실함으로 수소가 핵융합하여 만들어낼 수 있는 헬륨의 양을 계산해 냅니다. 앨퍼는 수소와 헬륨의 비율이 10:1이라는 계산결과를 찾아내었습니다. 수소 10개를 사용하면 헬륨 1개가 만들어진다는 것입니다. 앨퍼의 계산은 지금 우주에 분포하는 수소와 헬륨의 비율을 어느 정도 정확하게 설명할 수 있습니다. 그것은 가모브가 예측했던 초기의 고온, 고밀도의 물질이 폭발하여 지금의 수소와 헬륨 분포가 이루어졌다는 것을 앨퍼가 수학적으로 증명한 것입니다. 이후 앨퍼는 더욱 치밀한 계산을 통해 최초 폭발 후 약 300초 쯤 즉, 5분 이내에 현재의 우주가 만들어졌다는 것을 계산해 발표합니다. 이제 우주는 폭발에 의해 만들어졌다는 것을 많은 사람들이 이해하게 되었습니다.

"우리가 살고 있는 우주는 5분 만에 만들어졌다."

- 가모브와 앨퍼

가모브는 앨퍼의 도움으로 스승 프리드만의 손을 아인슈타인이 지켜보는 앞에서 들어주었습니다. 그는 지금의 우주가 한 점에서의 폭발(빅뱅)로 시작되어 5분의 짧은 시간에 만들어졌다는 것을 설명하였습니다. 이들이 설명한 폭발은 팽창하는 우주를 반대하는 정상 우주론 즉, 변화하지 않는 우주를 주장하는 사람 프레드 호일에 의해 이름이 만들어집니다. 그리고 그들이 설명하지 못했던 헬륨보다 더 무거운 원소들의 합성도 호일이 설명하게 됩니다.

우주의 빛을 찾아낸 앨퍼와 허먼

허먼

앨퍼는 가모브가 빅뱅에 관한 논문을 발표할 때 연구에 참여하지 않은 베테가 더 두각을 나타낸 데 불만을 가집니다. 왜냐하면 가모브는 논문의 부제를 알파-베타-감마라고 지었습니다. 알파는 앨퍼, 베타는 베테, 감마는 가모브 자신 이름에서 따온 것입니다. 문제는 앨퍼 입장에서 보면 베테와 가모브는 자신보다 명성이 있는 선배 과학자였습니다. 그러다 보니 자신은 두 사람의 그늘에 가려 이름이 점차 사라질 가능성이 있었기 때문입니다.

앨퍼는 이것을 만회하기 위해 우연히 만난 허먼(1914-1997)과 함께 우주를 구성하는 물질에 대한 연구를 이어갑니다. 그들은 최초의 순간에 있었던 엄청난 폭발은 수소를 헬륨과 몇 개의 가벼운 물질로 만들 수 있었다고 생각했습니다. 그러나 이후 우주의 온도는 점점 더 내려가게 되었습니다. 이 온도는 핵융합이 일어나기에는 낮은 온도였지만 그래도 여전히 무척 뜨거운 상태로 있었습니다. 이 상태가 바로 전기를 가진 이온들이 존재하는 플라스마(Plasma) 상태입니다.

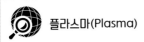

플라스마(Plasma)

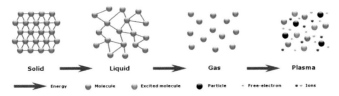

에너지에 따른 물질의 형태 변화

플라스마 상태로 가기 위해서는 물질과 온도의 상태변화에 관해 기초적으로 이해할 필요가 있습니다. 물질은 온도가 낮은 상태에서는 고체(얼음) 상태로 각 분자들이 서로 단단히 결합해 있습니다. 에너지가 점점 투입되면 분자 간의 결합이 조금씩 끊어지는 느슨한 상태가 되는데 이것이 액체(물) 상태입니다. 더 높은 에너지가 투입되면 분자 간의 연결이 모두 끊어져 분자들의 운동은 매우 활발해집니다. 이 상태를 기체(수증기) 상태라고 합니다. 여기에서 더 많은 에너지가 투입되면 물질의 원자핵이 전자의 운동을 통제할 수 없는 상태가 됩니다. 이 상태에서는 전자는 자유롭게 움직이게 되고 전기를 띤 이온들이 나타납니다. 이 상태를 플라스마라고 합니다.

앨퍼와 허먼은 이 플라스마 상태는 폭발 이후 약 한 시간이 지난 후에도 우주를 가득 덮고 있었다고 합니다. 빛이 있었지만 이 빛은 플라스마에 갇혀 우주 밖으로 뻗어 나가지 못했습니다. 그러니까 이때 우주는 빛이 없는 어두컴컴한 상태였습니다. 시간이 지남에 따라 플라스마의 온도는 점점 낮아졌습니다. 이들의 계산에 의하면, 이때가 최초의 폭발로부터 약 30만 년이 흐른 후라고 합니다.

온도가 낮아지면 수소는 다시 결합해 헬륨을 만들고 플라스마 상태가 점점 사라집니다. 이때 드디어 빛은 우주를 향한 최초의 여행을 시작하게 됩니다. 우주에 빛이라는 것이 보이기 시작한 것입니다. 앨퍼와 허먼 두 사람이 만들어 낸 이 빛이 다시 발견된다면 틀림없이 우주는 최초의 폭발로 인해 만들어졌다는 강력한 증거가 될 것입니다. 이 빛은 마이크로파 형태로 우주에 흔적을 남기게 됩니다. 이것이 곧 만나게 될 우주 배경복사(cosmic microwave background radiation)입니다.

빅뱅의 이름을 만든 빅뱅 반대자 프레드 호일

인터넷에 빅뱅(Big Bang)이라고 검색하면 아이돌 그룹이 화면가득 검색됩니다. 때문에 우리가 찾고자 하는 우주 탄생의 순간 즉, 최초의 폭발에 관한 것을 찾기란 아주 어려운 일이 되었습니다. 오히려 영어로 'big bang'을 검색하는 편이 훨씬 더 쉽습니다. 이처럼 '빅뱅'은 우리에게 아주 친숙한 낱말이 되었습니다.

대부분의 사람들은 우주 탄생 이론을 '빅뱅', 즉 어느 한순간의 폭발이라고 알고 있습니다. 하지만 이 '빅뱅'은 낱말이 이야기하는 것처럼 어떤 한순간의 대단한 폭발에 그치는 것이 아닙니다. 엄청난 온도와 그리고 엄청난 밀도가 모여 있는 작은 물질이 '뻥'하고 터져서 온 사방으로 파편을 날린 것이 아니라, 고온, 고압, 고밀도 상태의 물질이 한순간 눈깜짝할 순간보다 더 짧은 시간에 순식간에 팽창한 것입니다. 1초도 안 되는 짧은 순간에 지금의 우주가 만들어진 것입니다.

빅뱅은 일반 상대성 이론에서부터 프리드만과 르메트르가 발

빅뱅 가상 이미지 사진

전시킨 모델입니다. 빅뱅은 어떤 창조의 순간이 있었고 그 후에 팽창하는 과정이 있었습니다. 허블은 측정을 통해 우주가 팽창하고 있다는 것

과 은하가 멀어지고 있다는 것을 확인했고, 가모브와 앨퍼는 빅뱅 이론으로 우주에 존재하는 수소와 헬륨의 양을 설명할 수 있었습니다. 이 혁신적인 이야기는 사람들에게 생각과 관찰의 변화를 요구했지만 세상은 여전히 변화를 두려워했습니다. 아인슈타인도 처음에는 변화하는 우주를 받아들이지 못해 일반 상대성 이론과 우주상수를 만들었다는 사실은 생각의 변화에 용기와 시간이 필요하다는 것을 다시 한 번 말해 줍니다.

팽창하고 진화하는 우주 모형인 빅뱅 이론과는 반대로 고요하고 안정된 상태의 우주 모형을 정상 우주론이라고 합니다. 정상 우주론(正常宇宙論, Steady State theory)은 우주는 처음부터 현재의 모습으로 만들어져 있으며 항상 일정한 모양으로, 시작도 끝도 없는 영원히 존재하는 공간이라는 것입니다. 그렇다 하더라도 우주 안에서 원자핵들은 새로운 물질을 만들어 내거나 팽창할 수 있습니다.

정상 우주론의 선봉장은 프레드 호일(Fred Hoyle, 1915-2001)입니다. 호일은 1915년 영국에서 태어났습니다. 호일은 어렸을 때 학교 가는 것을 싫어했습니다. 그래서 학교에는 잘 가지 않았습니다. 그렇지만 세상에 대한 궁금증과 호기심이 가득해 세상이 어떻게 만들어졌는지 늘 궁금했고 이 분야에 대한 연구를 위해 대학에 진학합니다.

프레드 호일

호일은 가모브를 중심으로 한, 폭발에 의해 팽창하는 우주 이야기를 너무 싫어했습니다. 그래서 한 방송국과의 인터뷰에서 "우주가 한순간의 '뻥'하는 큰 폭발(big bang)로 만들어졌다니 나는 이것이 마음에 들지 않습니다."라는 말을 했습니다. 호일의 이 말로 '빅뱅'이라는 이름이 탄생하게 되었습니다. 반대 이론에게 아주 멋진 이름을 지어준 것입니다.

호일은 변하지 않은 자신의 우주를 지키기 위해 아주 많은 연구를 합니다. 호일의 연구 덕에 현재 우주가 어떻게 만들어졌는지 설명할 수 있게 되었습니다. 특히 빅뱅 이론 지지자들이 밝히지 못했던 무거운 원소가 만들어진 원리도 호일이 설명해 내게 됩니다.

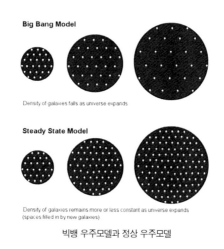

빅뱅 우주모델과 정상 우주모델

무거운 원소의 탄생: 초신성 폭발

호일은 철과 같은 무거운 원소가 어떻게 만들어졌는가를 밝혀내기로 결심합니다. 이것은 정상 우주론에서도 꼭 설명해야 하는 문제였습니다. 그는 수소에 의해 만들어진 헬륨이 다른 원소로 바뀌기 위해서는 아주 높은 수십억 도에 이르는 온도가 있어야 한다고 생각했습니다. 호일은 수소가 핵융합 과정에 의해 만들어지는 별의 탄생에서 이야기를 시작합니다.

먼저 별들은 수소가 헬륨으로 바뀌는 핵융합의 과정에서 열과 빛(방사선)을 내며 살아갑니다. 수소가 바닥날 때 쯤, 이 별은 점점 늙어갑니다. 그에 따라 별의 온도도 점점 내려가게 됩니다. 별이 식어가는 것입니다. 별은 나이가 들면서 중심 쪽으로 힘이 몰리게 됩니다. 즉, 중력이 점점 세져서 별을 구성하는 물질들이 서로 잡아당기는 힘이 커집니다. 그리고 별이 줄어드는 수축이 일어납니다. 수축이 진행됨에 따라 별을 구성하고 있는 물질이 한곳으로 모이면 다시 서로 밀어내는 압력이 늘어나게 됩니다. 압력이 늘어나면 밀도가 증가하게 되고 밀도와 압력이 증가하면 서로 핵융합 반응이 일어납니다. 죽어가는 별에서 이러한 반응은 반복적으로 일어납니다.

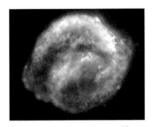

케플러 초신성 폭발의 잔해[86]

이 과정에서 헬륨이 무거운 원소로 변환되는 에너지가 공급되고 무거운 원소들이 만들어지게 됩니다. 이렇게 별은 점점 늙어가면서 새로운 물질을 만들다가 초신성 폭발을 일으키게 됩니다. 초신성 폭발은 자신이 가지고 있는 에너지와 물질을 우주로 쏟아 냅니다. 폭발의 파편들은 우주를 떠다니다 또 다른 물질들과 결합하여 새로운 별이나 행성을 만듭니다. 그러므로 우주에 존재하는 별과 물질은 별의 죽음으로 만들어진 것이라 할 수 있습니다. 우리 인간도 별들이 죽어간 흔적이라고 말합니다.

---

86) https://ko.wikipedia.org/wiki/%EC%B4%88%EC%8B%A0%EC%84%B1

간단히 징리하면 늙어가는 별 속에 있는 다양한 물질이 폭빌로 인해 우주로 흩어지고 이때 생긴 에너지로 인해 다양한 무거운 원소들이 만들어졌다는 것입니다. 이러한 결과로 행성들과 별들은 가운데 무거운 철과 같은 물질이 존재하게 되었습니다. 이 과정을 마커스 초운은 '마법의 용광로'란 책에서 아주 멋있게 표현했습니다.

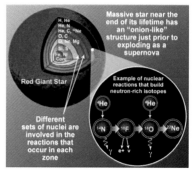

핵융합 과정에서 헬륨이
무거운 원소들로 바뀌는 과정

마법의 용광로 - 마커스 초운(Marcus Chown)

"우리가 살기 위해서는 수십 억, 수백 억, 심지어는 수천 억 개의 별이 죽어야 한다. 우리 피 속에 있는 철, 뼈 속의 칼슘, 숨을 쉴 때마다 우리 폐를 채우는 산소는 모두 지구가 태어나기 훨씬 전에 죽어간 별의 용광로 속에서 만들어졌다."

초신성 폭발과 별의 순환

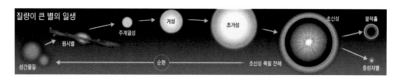

1. 우주에 흩어져 있는 물질들이 서로 모여 원시별을 만듭니다.
2. 이 젊은 별은 푸른빛을 내며 밝게 빛납니다.
3. 별이 점점 늙어가면서 붉게 변합니다.
4. 수축과 팽창을 반복하다 어느 순간 폭발이 일어납니다. 이것이 초신성입니다.
5. 초신성은 성간물질을 내놓습니다.
6. 이 과정이 순환합니다.

빅뱅의 메아리

　전쟁은 인간에게 잊지 못할 고통과 아픔 그리고 슬픔을 가져다줍니다. 그러나 반대로 과학과 기술의 발달을 이끌기도 합니다. 비행기, 인공위성, 원자력 발전 그리고 컴퓨터 등 많은 혁신적인 아이디어들은 전쟁 과정에서 탄생했습니다. 빅뱅에 관한 강력한 증거도 전쟁이 남긴 레이더에 의해 발견됩니다. 그 시작은 이전까지의 발견이 개인적인 것이었다면 지금부터는 이윤을 남기기 위한 기업에 의해 시작됩니다.

　그 대표적인 기업이 미국의 통신회사 AT&T로, 그 시작은 칼 잰스키(Karl Jansky)입니다. 그는 AT&T의 벨연구소 연구원이었습니다. 깨끗한 통신을 위해 자연에서 만들어지는 잡음을 제거하기 위한 연구를 하던 중 어디서 들려오는지 모를 소리를 발견하게 됩니다. 이 소리는 23시간 56분 주기로 규칙적으로 들려왔습니다. 하루는 24시간이므로 4분 간격이 무엇인지 계산해 보니 지구가 태양을 공전하고 스스로 자전하는 운동에 의해 만들어지는 시간 차이였습니다.

잰스키와 레이더

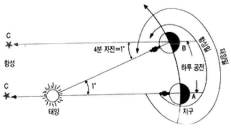

항성일에 의한 4분 차이

항성일

해마다 지구는 365.25회 자전합니다. 하루는 24시간으로 따라서 1년은 365.25×24=8,766시간입니다. 그러나 지구는 자신의 축을 중심으로 1년에 365.25회 자전하면서 동시에 태양을 중심으로 공전하기 때문에 한 번 더 자전하는 셈입니다. 따라서 지구는 실제로 8,766시간 동안 366.25회 자전하는 것이고 한 번의 자전에는 23시간 56분 소요됩니다.

    잰스키가 만들어 놓은 나무 안테나는 우스꽝스러운 것이었지만 그가 만든 물건으로 우리는 눈으로만 관측하던 우주를 다른 감각기관으로도 관측할 수 있게 되었습니다. 망원경으로만 관측됐던 우주가 망원경이 아닌 레이더나 안테나를 통해 소리도 들을 수 있게 된 것입니다.

    소리 전파에 관한 연구는 빅뱅 이론과 정상 우주론에도 매우 중요한 내용이었습니다. 빅뱅 이론이 맞는다면 이러한 소리는 아주 멀리서 들려와야 합니다. 우주는 점점 팽창하고 있기 때문에 최초로 만들어진 소리(마이크로파)는 팽창하는 우주와 함께 멀리 여행을 하게 되고 그 소리는 다시 메아리가 되어 돌아오기 때문입니다. 반대로 정상 우주론이 맞는다면 멀리서도 가까이서도 들려야 합니다. 정상 우주론은 원래 우주가 만들어진 그대로 있기 때문에 어디에서나 소리가 들려야 합니다.

    새롭게 시작된 빅뱅 우주와 정상 우주 논쟁은 새로운 국면으로 돌아섰습니다. 이 논쟁에 마침표를 찍으려고 한 사람은 영국의 천문학자 마틴 라일(Martin Ryle, 1974년 노벨물리학상 수상)입니다. 그는 레이더를 이용하여 수많은 은하와 별들에게서 들려오는 소리를 분석한 결과 소리는

마틴 라일 1918-1984

아주 먼 곳으로부터 들려오고 있다는 것을 확인했습니다. 하지만 이 소리가 정확히 어디서 들려오는지는 알 수 없었습니다. 이 소리의 비밀은 아주 엉뚱한 곳에서 특별한 사람들에 의해 풀리게 됩니다.

우주배경복사: 팬지어스와 윌슨

좀 더 재미있는 이야기가 똑같은 회사 AT&T에서 일어납니다. 팬지어스(Anno Penzias, 1933-)와 윌슨(Robert Wilson, 1936-) 두 사람은 라디오에서 들려오는 '쉭'하는 잡음의 원인을 찾고 이것을 제거하기 위해 좀 이상하게 생겼지만 아주 성능이 좋은 안테나로 연구를 하고 있었습니다. 그들은 장거리 통신에 방해가 되는 잡음의 원인을 찾기 위해 잡음 요소를 제거하는 작업을 했는데 재미있는 비둘기에 관한 일이 일어났습니다.

안테나에 집을 짓고 살던 비둘기가 잡음을 만들어 내는 요인이라고 생각한 그들은 비둘기를 잡아 아주 멀리까지 가서 놓아줬습니다. 하지만 비둘기는 귀소본능으로 또다시 안테나로 찾아옵니다. 그들은 아래의 그림에서 볼 수 있는 비둘기 잡는 장치를 이용하여 비둘기를 제거하였습니다. 이 비둘기 장은 미국의 스미소니언 항공우주 박물관에 전시되어 있다고 합니다.

팬지어스(오)와 윌슨(왼)

비둘기 장

이들이 우연히 듣게 된 이 잡음은 가모브, 엘피, 허먼이 남겨둔 플라스마 상태의 우주에 갇혀 있는 빛들이 여행을 시작하며 남겨 놓은 최초의 빛과 소리들이 만든 흔적이었습니다. 이것은 '우주배경복사'라는 이름이 지어졌고 우주가 폭발에 의해 팽창하고 있다는 강력한 증거를 만들어 냈습니다. 이후 우주배경복사는 다양한 방법으로 더욱 정밀하게 관측됐고 빅뱅 우주모델을 뒷받침하게 됩니다.

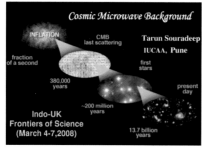

우주 배경복사 시간   우주배경복사

우주배경복사(CMB, Cosmic Microwave Background)는 빅뱅의 강력한 증거일 뿐만 아니라 우주 나이를 결정하는 역할을 합니다. 먼저 빅뱅의 화석이라는 증거는 우주에 분포하고 있는 물질들이 정상 우주론에서처럼 원래의 상태로 안정되고 존재하고 있었다면 빛의 복사선은 우주 전체에 아주 골고루 퍼져 있어야 합니다. 어느 곳이 더 많고 작고가 아니라 어느 곳이든 똑같은 양의 물질이 고르게 존재해야 하며 우주배경복사선도 짙고 옅은 곳이 없어야 합니다.

반대로 빅뱅 우주이론이 맞는다면 우주의 밀도는 폭발에 의해 부분별로 아주 많은 차이가 있습니다. 어떤 곳은 밀도가 아주 높고 어떤 곳은 밀도가 낮게 나타납니다. 이러한 불규칙한 밀도는 우주배경복사를 아주 불규칙하게 만듭니다. 위의 오른쪽 사진처럼 어떤 곳은 짙은 붉은 색이고 어떤 곳은 옅은 푸른색으로 나타나게 되는 것입니다. 밀도가 짙은 곳을 통과할 때의 빛은 파장이 길어져 붉게 보이고 밀도가 낮은 곳을 통과할 때의 빛은 파장이 짧은 푸른색으로 보이기 때문입니다.

우주 나이에 관해 간단한 설명을 해 보겠습니다. 우리가 보는 태양은 약 8분 전의 태양입니다. 만약 100만 광년 떨어진 별을 지금 보게 된다면 그 별빛은 100만 년 전의 별의 모습입니다. 우주배경복사선이 만들어내는 사진을 분석하면 빛이 되돌아오는 시간을 측정할 수 있습니다. 이러한 방법으로 계산한 우주 나이는 138억 년이라는 것이 현재 받아들여지고 있는 우주 나이입니다.

우주배경복사는 팬지어스와 윌슨 이후에 인공위성을 통해 더욱 정밀한 관측이 시작되었습니다. 1992년 COBE 위성 2003년 WMAP 위성을 통해 확인되었고 최근에는 막스플랑크 우주망원경으로도 관측되었습니다.

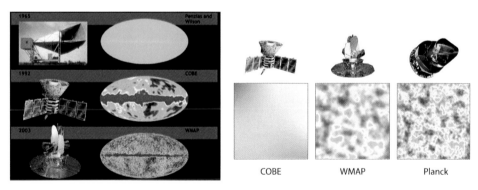

우주배경복사 관측 기구와 측정 이미지

〈그림출처〉: http://news.zum.com/articles/6085370?cm=popular (오른쪽)
http://kinimage.naver.net/storage/upload/2010/02/33/290124973_1267093930.jpg (왼쪽)

이로써 우주의 탄생과 우주 나이, 지금도 여전히 멀어져만 기고 있는 우주에 대한 많은 이야기가 마무리 되었습니다. 수많은 사람들과 사건들이 우주 최초의 순간 한 점을 향해 모여들다 헤어지기를 반복해 왔습니다. 그렇지만 아직도 우주에 대해 아는 것보다 모르는 것이 더 많습니다.

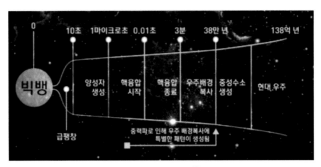

빅뱅의 시간과 사건[87]

우주는 최초 폭발 1분이 될 때 에너지가 최초의 물질인 수소를 만들어 냈고, 2분 정도의 시간이 흐를 때 핵융합 반응에 의해 헬륨이 만들어졌습니다. 그리고 약 38만 년이라는 시간이 지나 플라즈마에 갇혀 있던 빛이 풀려나 우주배경복사를 만들어 내는 빛의 여행을 시작합니다. 이후 별들의 죽음과 탄생으로 우주를 구성하는 다양한 물질들이 만들어졌습니다. 그리고 이 우주에는 지금 현재 관측 가능한 은하만도 천칠백억 개 정도가 된다고 합니다. 그리고 이 셀 수 없는 은하 중에서 우리은하가 있고 우리은하 안에 있는 수많은 별들 중에 태양이 있고 그 태양계의 8개의 행성 중 하나인 지구에 우리는 살아가고 있습니다.

87) http://www.visualdive.co.kr/wp-content/uploads/2014/03/space1.jpg

나는 어디에 있는가?

(Where am I?)

우리가 서 있는 이곳은 138억 년 동안의 긴 시간이 만들어낸 지구라는 행성입니다. 우주에는 알 수 없고 셀 수 없는 수많은 행성들이 있습니다. 그 행성에서 '나'라고 인식할 수 있는 생명체로 살아간다는 것은 단순한 과학으로 설명할 수 없는 우연이 더 많이 작용합니다. 그래서 인간은 신(神)이 우주와 지구 그리고 인간을 만들었다고 생각하는 것은 어쩌면 아주 당연한 일인지도 모릅니다.

지구는 태양계 행성 중에서도 적당한 거리에 위치하여 너무 뜨겁지도 차갑지도 않게 됐습니다. 조금만 더 가까웠더라면 금성과 같이 너무 뜨겁고 온실가스가 가득한 행성이 되었을 것이고 조금만 더 멀었더라도 화성과 같은 아주 차갑고 황량한 곳이 되었을 것입니다.

물론 이 넓고 넓은 우주에 인간 같은 존재가 지구에만 있다고 볼 수는 없습니다. 어쩌면 영화에서처럼 지구라는 행성을 지켜보는 우월한 존재가 있을 수도 있고 나와 전혀 다른 모습의 생명체가 살고 있을 수 있습니다. 그래서 지구인들은 우주의 생명체를 찾기 위해 아주 다양한 노력을 기울이고 있습니다. 보이저 1호에 실어 보낸 골든디스크에는 지구에 있는 다양한 자연의 소리와 언어들이 기록되어 있고, 아레시보 전파망원경에는 이진법과 인간, 그리고 DNA, 태양계의 이미지를 보냈습니다. 또한 파이어니호 10호에도 이미지로 표현된 우리의 소식을 전달했습니다.

보이저 1호에 실어 보낸 골든디스크

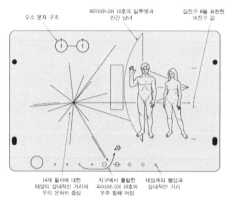

파이어니호 10호에 실린 메시지

아레시보 전파망원경에서
보낸 메시지

하지만 아직도 들려오는 소식은 없습니다. '무소식이 희소식'일 수도 있습니다. 그들이 우리의 신호를 받는다면 우리 인간이 새로운 대륙을 찾아 원주민을 괴롭히고 동물을 멸종시킨 것과 같은 무시무시한 일을 우리보다 우월한 생명체에게 되돌려 받을지도 모를 일입니다.

'나'와 같은 우리가 지구라는 행성에서 이렇게 살고 있다는 것은 138억 년 우주 역사에서 아주 특별한 일입니다. 물론 우리의 입장에서 이야기하는 것이지만 말입니다. 이렇게 살아가고 있는 우리가 과연 어디에 있는가를 이제 이해하게 되었으니 앞으로 어디를 향해 가야 하는지에 대해 고민해 보아야 할 것입니다. 앞으로의 방향에 대한 고민은 이제까지 우리가 걸어온 길을 되돌아보는 일이 우선되어야 합니다. 역사를 안다는 것이 현재를 확인하고 미래의 방향을 결정하는 가장 좋은 이정표이기 때문입니다.

'나는 어디에 있는가?'에 대한 답을 찾았으니 이제 '나는 누구인가?'에 대한 답을 찾을 차례입니다.

Chapter

2

W

H　O

두 가지,
나는 누구인가?
(Who, am I ?)

살아남은 종은 강한 종도 아니고,
똑똑한 종도 아니라 변화에 적응하는 종이다.

- 찰스 다윈 -

생명의 행성, 지구

태양계의 탄생

빅뱅에 의해 이 우주가 만들어졌다는 것이 현재 많은 과학자들뿐만 아니라 대부분의 사람들이 이해하고 믿고 있는 이론입니다. 하지만 이 이론도 언젠가는 또 다른 새로운 이론에 의해 물러설 때가 있을 것입니다.

우리가 늘 경계해야 할 것은 프톨레마이오스와 코페르니쿠스, 아인슈타인과 프리드먼의 관계를 잊어버리면 안 된다는 것입니다. 지금 현재의 지식이 절대적인 진리라는 믿음 대해 늘 의문을 가져야 합니다. 이 의문이 새로운 지식을 만들어 내는 출발점이 됩니다. 그리고 이 출발점으로부터 누구도 생각하지 못했던 진실되고 아름다운 이야기가 시작됩니다.

빅뱅이 시작되고 아주 긴 시간이 흘렀습니다. 여전히 우주는 별들이 죽고 또 새로운 별이 만들어지기를 거듭하고 있었습니다. 별들의 죽음은 수많은 원소와 물질을 만들어 내었습니다. 지금으로부터 약 50억 년 전 그러니까 빅뱅으로부터는 약 88억 년이 지난 어느 순간 또 하나의 별이 생을 마감하고 폭발이 일어났습니다. 이번 초신성 폭발은 태양계가 만들어지는 순간이기 때문에 조금 특별할 수도 있습니다. 초신성은 어마어마한 에너지를 우주로 뿜어냈습니다. 폭발에 의한 충격파는 엄청난 것이어서 주변의 모든 물질이 가지고 있던 중력들을 흔들었습니다. 그리고 별들의 구름인 성운을 만들었습니다. 성운은 시간이 지남에 따라 중력의 영향으로 서로 뭉치게 되었습니다. 드디어 태양이 만들어지는 순간입니다.

태양은 엄청난 에너지와 중력으로 주변의 먼지와 운석 가스를 붙잡았습니다. 폭발로 멀어져 간 가스들은 점점 온도가 낮아지고 수증기가 대기 중에서 응결되어 구름과 비가 만들어지듯 이 가스들도 태양으로부터 점점 멀어지면서 응결하기 시작했습니다. 이것이 가스형 행성들인 목성, 토성, 천왕성, 해왕성이 되었습니다. 태양에서 가까운 쪽에서는 뭉쳐지지 못한 암석들이 지속적으로 서로 부딪히면서 태양의 중력 안에서 암석형 행성인 수성, 금성, 지구가 되었습니다. 지금도 여전히 해왕성 저 멀리에서는 아직도 수많은 조각 운석들이 태양궤도를 돌고 있습니다. 이렇게 태양계는 만들어졌습니다.

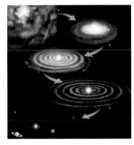

태양계 행성의 생성과정[88]

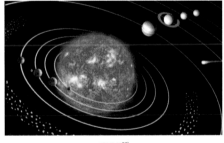

태양계[89]

---

88) http://solarsystemqiss.weebly.com/uploads/7/5/1/2/7512554/860403.jpg?536

89) http://www.valuewalk.com/wp-content/uploads/2014/11/Ancient-Meteorite-Solar-system.jpg

원시 지구

태양은 4억 년이 지난 뒤에도 여전히 강력한 에너지를 뿜어내고 있습니다. 물론 지금도 여전히 불타고 있지만 말입니다. 이 에너지의 근원은 태양 내부에서 수소가 헬륨으로 바뀌면서 만들어집니다. 4개의 수소가 1개의 헬륨으로 바뀌면서 아주 적은 양의 질량이 감소하는데 이것이 엄청난 에너지로 바뀝니다. 1장에서 이야기한 핵융합 반응의 결과입니다. 줄어든 양은 아주 작지만 빛 속도의 제곱이 엄청난 양이기 때문에 그 에너지는 어마어마합니다.

이 엄청난 에너지를 고스란히 받고 있는 지구는 여전히 큰 운석, 작은 운석들과 충돌을 이어가고 있습니다. 지구는 마치 물이 펄펄 끓고 있는 냄비 같이 다양한 암석들이 출렁이는 불의 바다입니다. 이 뜨거운 지구에는 이산화탄소(CO_2), 질소(N), 수소(H)와 수증기가 가득합니다. 이때 갑자기 지금 화성의 크기만한 행성이 지구로 향해 날아옵니다. '테이아'입니다. 테이아는 엄청난 속도로 지구와 충돌합니다. 이 충격으로 만들어진 파편들은 지구 중력에 붙들려 지구 주변으로 흩어져 나갔습니다. 이 파편들이 다시 모여 달이 생겼습니다.

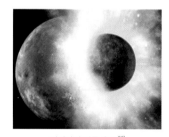

테이아의 지구 충돌[90]

---

90) http://cfile219.uf.daum.net/image/193F441C4D0498292C5FA3

테이아는 지구의 자전축을 흔들었습니다. 이제 지구는 점점 식어갔지만 여전히 하늘에서는 운석들이 쏟아져 내립니다. 우주로부터 내려오는 운석에는 아주 많은, 다양한 물질들이 묻어 있었습니다. 얼음 형태의 물로부터 생명을 만드는 데 필수적인 아미노산 같은 것들도 섞여 있었습니다. 지구가 식으면서 무거운 철들은 가운데로 자리를 잡고, 암석 물질들은 상대적으로 가벼워 가장자리 부분으로 모여 회전하기 시작했습니다. 이것이 맨틀입니다.

 지구의 내부 구조

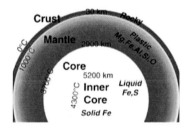

1. 가장 안쪽은 철과 같은 고체가 뭉쳐진 고온의 내핵이 있습니다.
2. 내핵 바깥쪽으로 철과 황 같은 물질이 녹아 있는 액체 외핵이 있습니다.
3. 외핵의 바깥에는 다양한 물질이 녹아 마치 끓고 있는 죽 같은 맨틀이 있습니다. 이 맨틀은 대류활동을 합니다.
4. 맨틀 위로 우리가 살고 있는 지각이 있습니다. 지각은 육지인 대륙 지각과 바다인 해양 지각으로 구분되며 지각은 대류하는 맨틀 위에 조각으로 나뉘어져 둥둥 떠다니고 있습니다. 이것을 판구조라고 하고 이 판들은 움직입니다.

하늘에서 쏟아지는 운석과 함께 증발한 수증기들은 땅 위에 비를 내리기 시작하였습니다. 이 비는 양도 엄청났지만 내리는 시간도 길었습니다. 내리는 비는 대기 중의 여러 가지 물질들을 녹여 지각으로 보냈습니다. 지구 내부에서는 화산이 폭발하여 섬들이 만들어지기 시작하였습니다. 내리는 비로 지구는 점점 식어 가고 있습니다. 하지만 여전히 바다는 뜨거운 스프와도 같았습니다. 이제 생명이 탄생하기까지 얼마 남지 않았습니다.

지구가 탄생하고 6억 년이 지났습니다. 우주에서 지구가 만들어질 때도 우연이라는 것이 중요하게 작용하였듯이 생명이 만들어지기 위한 최적의 환경을 갖춘 것도 바로 이러한 우연적인 이야기가 꼭 필요합니다. 만약 태양과 조금만 더 가까웠더라면 너무 뜨거워 생명이 만들어질 수 없었을 것입니다. 그리고 조금만 더 멀었더라면 너무 추워서 생명이 만들어지지 못했을 것입니다. 지금의 금성과 화성에 생명체가 살지 않은 이유가 바로 이러한 태양으로부터 적당한 거리에 지구가 위치에 있다는 것입니다.

온도 조건만 맞는다고 해서 생명이 만들어지는 것은 아닙니다. 태양은 지구에게 생명의 에너지를 주지만 생명의 에너지와 함께 파괴의 에너지도 보냅니다. 그것이 바로 태양풍입니다. 그리고 여전히 우주에서는 우주선(宇宙線, cosmic ray)이 지구로 쏟아지고 있었습니다. 이 우주선들은 생명에게 치명적인 피해를 줍니다. 그렇지만 다행스럽게도 이 우주선을 충분히 제거해 줄 수 있는 장치가 지구에 있었습니다. 바로 지구자기장입니다. 지구 자기장은 우주로부터 쏟아지는 입자들이 지구로 직접 들어오지 않도록 막아주어 지구의 생명들을 보호해 주었습니다. 그리고 직선으로 내리쬐이는 태양으로부터 살짝 비켜나갈 수 있었던 것은 바로 달 때문입니다. '테이아'의 충돌로 달이 만들어질 때 지구 자전축이 조금 비틀어지면서 햇빛은 한곳에 집중되지 않고 지구에 골고루 나누어 주게 되었습니다. 정말 우연이라고 밖에 할 수 없는 일들이 지구에 생명체를 만들 수 있는 완벽한 환경을 구성해 주었습니다. 이제 따뜻한 스프인 지구의 바다는 생명이 만들어지는 순간을 기다리는 일만 남았습니다.

생명의 시작

신이 만든 생명

반고

우주에 대한 이야기와 마찬가지로 생명에 대한 이야기도 신화로부터 출발합니다. 중국 신화에 등장하는 반고는 하늘(우주)을 만들고 자신의 몸 조각들로 땅과 구름을 만들었으며 피로 물을 만들었습니다. 그리고 몸에 있는 이는 인간이 되었습니다. 반고는 자신의 몸으로 이 세상의 모든 것, 즉 우주와 생명을 만들어 내었습니다.

반면에 자신의 몸을 이용하지 않고 빚기 좋은 흙을 재료로 인간을 만든 두 신이 등장하는데 하나는 서양의 프로메테우스이고 또 하나는 중국의 여신 여와입니다. 프로메테우스는 인간에게 불을 전해 준 신으로 알려져 있습니다. 하지만 불을 인간에게 가져다주기 전에 그는 흙을 빚어 인간을 만들었습니다. 자신이 만든 인간이 좀 더 편리하고 행복하게 살게 하기 위해서 제우스의 명령을 어기고 인간에게 불을 전해 주었습니다. 이 이야기는 하나님이 인간을 만들 때 흙을 빚어 만들었다는 기독교의 창조론과 비슷합니다. 중국의 여신 여와도 진흙으로 사람을 만들고 사람들에게 필요한 여러 가지 제도를 마련해 주었다는 이야기가 있습니다.

찰흙으로 인간을 만들고 있는 프로메테우스 찰흙으로 만든 인간을 들고 있는 여와[91]

이처럼 흙에서 사람이 탄생했다는 신화는 지속적으로 이어져 결국 자연에서 생명이 저절로 만들어 졌다는 믿음으로 발전하게 되었습니다.

자연이 만든 생명

생명에 관한 이야기의 출발도 아리스토텔레스부터 시작합니다. 그러고 보면 아리스토텔레스의 지식에 대한 열망과 노력은 현대인들이 아

---

91) https://upload.wikimedia.org/wikipedia/commons/thumb/a/a8/Creation_Prometheus_
Louvre_Ma445.jpg/800px-Creation_Prometheus_Louvre_Ma445.jpg

가기에는 불가사의하다고 힐 수도 있겠습니다. 그는 정치, 사회, 과학, 종교 등 영역을 가리지 않고 수천 년간 계속될 지식 체계를 만들어 내었기 때문입니다. 또한 거대한 영토를 개척한 뛰어난 왕인 알렉산더의 스승이기도 하였으니까 말입니다. 그가 사랑한 것은 오로지 지혜입니다. 주변에서 보이는 모든 것들과 일에 대한 호기심과 그것을 해결하기 위한 끊임없는 노력과 열정의 정신이 지금에도 그의 이름을 들을 수 있게 만든 것입니다.

그는 생물학 연구에도 많은 시간과 열정을 보냈습니다. 수많은 동물을 관찰하고 형태에 따라 분류하며 그것의 발생에 관한 연구를 하였습니다. 대부분의 동물은 부모가 생명을 만들어 내는 것을 쉽게 관찰할 수 있었습니다. 하지만 그는 새벽 이슬에서 포르르 날아다니는 작은 곤충을 보고 자연의 에너지를 받은 생명은 이슬에서도 생긴다고 이야기했습니다. 그리고 흙 속에서 꼬물거리며 흙 밖으로 나오는 벌레를 보며 따뜻한 흙이 생명을 만들어 낸다고 생각했습니다. 물론 아리스토텔레스의 생명에 관한 이야기도 우주에 대한 그의 이야기처럼 수천 년을 이어갑니다. 아리스토텔레스의 권위가 우주의 역사에 이어 생명의 역사에서도 절대적인 지식으로 오랜 시간 동안 인정받았습니다.

우주에서와 마찬가지로 생명도 시간이 지남에 따라 정말 자신의 주변 사람들이 맞다고 하는 것이 제대로 된 것인지 의문이 시작됩니다. 처음으로 의문을 제기하고 그 의문을 해결하기 위해 노력하는 사람은 역사에 이름을 남깁니다. 하지만 주변의 지식을 의심 없이 받아들이는 사람은 보통의 사람으로 사라지게 됩니다. 의문의 시작은 바로 실험입니다. 실험은 진리를 확인하는 가장 중요한 과학적 방법입니다.

알렉산더와 아리스토텔레스[92]

아리스토텔레스가 말한 자연에서 저절로 생명이 생겨난다는 것을 직접 실험한 인물은 벨기에의 의사 반 헬몬트(Jan Baptista van Helmont, 1579-1644)입니다. 그가 17세기 사람이라는 것만 보아도 아리스토텔레스가 이야기한 생명이 자연에서 만들어진다는 것에 대한 사람들의 믿음이 얼마나 단단했는지 알 수 있습니다. 헬몬트가 실험하기는 했지만 우리 의도와는 반대로 아리스토텔레스의 이야기가 맞다는 것으로 결론이 내려집니다.

헬몬트는 나무와 흙의 무게를 측정하여 흙을 화분에 넣고 나무를 심었습니다. 그리고 5년 동안 물만 주었습니다. 그 결과 나무는 자라서 훨씬 더 무거워졌지만 흙의 변화는 아주 작았습니다. 그래서 그는 나무를 자라게 한 것은 자연인 물이라고 판단하여 생명은 자연에서 스스로 만들어진다고 이야기했습니다. 그리고 그는 어느 날, 오래된 옷을 들어 올리자 쥐가 뛰어 가는 것을 보고 땀으로 젖은 옷에 밀가루, 기름, 우유를 섞어 발라 두었습니다. 그리고 21일이 지나 옷을 확인해 보니 역시 쥐가 발견되었습니다. 그는 옷과 밀가루 등의 조건이 생명을 스스로 만들

---

92) http://www.curiens.com/data/tags/1/844_preview_thumb_1346991796.jpg

어 내었다고 설명하였습니다. 지금 생각해 보면 아주 우스운 이야기이지만 지금으로부터 300여 년 전에는 이 실험을 당연한 결과로 생각하였습니다. 이 이야기를 듣고 있으면 마치 우주 이야기의 프톨레마이오스가 생각나기도 합니다. 그도 아리스토텔레스의 이야기를 따라 수없이 많은 주전원을 만들었기 때문입니다.

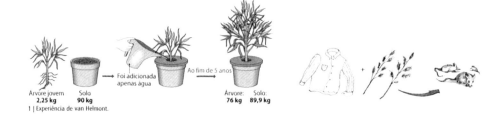

화분 실험   쥐 실험

아리스토텔레스에게 도전한 사람들

우주에 관한 코페르니쿠스의 생각을 혁명이라고 하듯이 생명의 역사에도 아리스토텔레스의 주장에 도전한 사람들이 있습니다. 그들은 놀라운 통찰력과 기술의 발전으로 특별한 실험을 통해 자연에서 생명이 발생한다는 것에 반대하는 실험을 했습니다. 그 첫 출발은 바로 이탈리아의 생물학자 레디(francisco redi, 1626-1697)입니다. 레디는 아주 간단한 실험 장치로 당시 '썩은 고기에서 구더기가 스스로 생긴다.'라는 이야기 잘못되었다는 것을 증명합니다. 고기를 가만히 두면 썩고 그곳에서 꼬물거리는 구더기가 있다는 것을 당시 사람들은 아주 쉽게 발견할 수 있었습니다. 그래서 어쩌면 썩은 고기에서 생명이 생긴다는 말은 아주 당

연한 것이었습니다. 마치 태양이 동쪽에서 서쪽으로 움직인다는 것을 관찰할 수 있으므로 당연히 태양이 지구 주위를 움직인다고 생각한 것과 같습니다.

레디는 세 개의 병을 준비합니다. 세 개의 병에 모두 같은 고기 덩이를 넣었습니다. 그리고 한 개의 병에는 뚜껑을 덮지 않고 다른 병에는 촘촘한 거즈를 덮었으며 다른 병에는 두꺼운 종이로 단단히 덮었습니다.

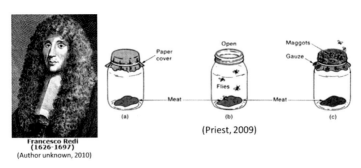

Francesco Redi
(1626-1697)
(Author unknown, 2010)

(Priest, 2009)

레디와 ㄱ의 실험

얼마의 시간이 지난 후 확인해 보니 뚜껑을 덮지 않은 병에서는 구더기가 생기고 파리가 날아올랐습니다. 그리고 거즈를 덮었던 병은 안쪽에는 구더기도 파리도 없었지만 거즈 위에 알과 파리가 발견되었습니다. 그리고 두꺼운 종이를 덮어 두었던 병에서는 종이 위에도, 병 안에서도 파리와 구더기는 발견되지 않았습니다. 이로써 레디는 생명은 자연에서 스스로 발생되는 것이 아니라는 것을 증명하였습니다.

하지만 그의 실험은 당시 과학자들에게 받아들여지지 않았습니다. 우주에 관한 이야기에서도 그렇듯이 어쩌면 이것은 아주 당연한 일인지도 모를 일입니다. 하지만 분명한 것은 레디의 실험으로 인해 생명이 자연에서 스스로 발생한다는 것에 대한 믿음은 조금씩 흔들리기 시작했습니다. 그리고 조금 다른 곳에서 생명이 시작된다는 이야기가 이어집니다. 현미경으로 눈에 보이지 않은 아주 작은 생명을 관찰한 사람이 있었습니다.

안톤 판 레이우엔훅(Anton van Leeuwenhoek, 1632-1723)은 현미경을 더욱 정교하게 만들어 아주 작은 미생물을 관찰한 사람입니다.

레이우엔훅과 그의 현미경

현미경은 원래 네덜란드의 얀센이 발명했습니다. 망원경의 발명에서 이야기한 리퍼세이도 네덜란드 사람인 것을 보면 당시 네덜란드는 렌즈 가공기술이 아주 발달했던 것을 알 수 있습니다. 이후 역시 네덜란드의 레이우엔훅과 영국의 로버트 훅이 현미경을 더욱 발달시켜 레이우엔훅은 미생물을 관찰하고 로버트 훅은 세포(cell)를 발견했습니다. 두 사람은 거의 동시대에 살았기 때문에 누가 먼저, 누가 나중이라고 논쟁하기보다, 둘은 현미경으로 좀 다른 것을 관찰했다고 보는 것이 옳습니다.

레이우엔훅은 현미경으로 아주 작은 미생물을 발견하고 그것은 자연으로부터 오지 않고 일반 동물과 마찬가지로 부모로부터 태어난 것이라고 설명하였습니다. 그 후 많은 학자들은 미생물이 어떻게 발생하는지에 대해 치열한 논쟁을 펼쳤습니다. 그 이야기에 종지부를 찍은 사람이

200년 정도 뒤에 나타난 파스퇴르입니다.

프랑스에서 태어난 파스퇴르(Louis Pasteur, 1822-1897)를 우리는 흔히 '미생물의 아버지'라고 부릅니다. 그가 발견한 미생물은 인간에게 발효식품이라는 선물을 주었고 수술할 때 수술 도구를 소독하여 세균으로부터 우리 몸을 보호할 수 있게 했습니다. 또한 그는 자연에서 스스로 생명이 생겨나는지 그렇지 않는 지를 확인하는 유명한 실험을 합니다. 그 실험이 바로 '백조 목 플라스크 실험'입니다.

백조 목 모양의 휘어진 가는 관이 달린 플라스크에 양분이 가득 들어있는 배양액을 가열해서 미생물을 죽인 후 식히면, 플라스크에서 증발된 수증기가 물이 되어 휘어진 관에 남습니다. 그리고 그대로 오랜 시간 놓아둡니다. 당연히 공기 중에 있는 미생물은 휘어진 곳에 고여 있는 물 차단막 때문에 둥근 플라스크로 가지 못합니다. 반면에 공기는 자연스럽게 고여 있는 물을 통과해 플라스크 안에 도달하게 되고, 오랜 시간이 지나도 둥근 플라스크 안의 배양액은 섞지 않은 상태로 남게 됩니다. 그런데 긴 백조 목을 잘라 내면 얼마 지나지 않아 곧바로 미생물이 플라스크 안으로 들어가게 되어 배양액은 미생물로 가득하게 됩니다.

루이 파스퇴르

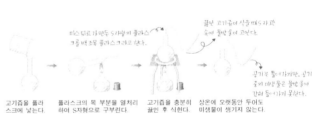

백조 목 플라스크 실험

파스퇴르의 이 실험으로 자연에서 스스로 생명이 발생한다는 '자연 발생설'은 힘을 잃게 됩니다. 파스퇴르는 아주 간단한 방법으로 끊임없는 미생물 연구를 했고, 놀라운 통찰력으로 수천 년 동안 이어져온 생명 탄생에 관한 논쟁에 마침표를 찍었습니다. 엄청난 시간 동안의 연구와 노력을 기울인다고 하더라도 자기가 처한 환경에 적응하고 당연한 것에 의문을 품지 않는다면 결국 세상을 바꾸는 놀라운 아이디어를 만들지 못합니다. 새로운 방법은 꼭 복잡한 것은 아니며 오히려 간단한 것임을 잊지 말아야겠습니다.

3

화석과 진화

생명이 어떻게 생겨나게 되었는가의 논쟁과 함께 수시로 발견되는 다양한 생명의 흔적은 사람들을 놀라게 했습니다. 그리고 생명을 연구하는 과학자들에게는 화석이 과연 무엇인지에 대해 많은 궁금증과 의문을 남겼습니다. 화석은 오랫동안 땅속에 묻혀 있다 어느새 밖으로 드러나게 됩니다. 화석은 현재의 생명체들과 유사하지만 똑같지는 않습니다. 그래서 화석은 많은 사람들에게 더 큰 궁금증과 호기심을 만들어 내었습니다

 바다에서 화석이 만들어지는 과정

1. 바다 속에 다양한 생명체들이 살아갑니다.
2. 생명체들이 죽고 오랜 시간동안 퇴적물들이 쌓입니다.
3. 계속해서 퇴적물이 쌓여 지층이 만들어 집니다.
4. 지층이 지각 운동에 의해 물위로 올라옵니다.
5. 풍화에 의해 지층이 깎입니다.
6. 화석이 나타납니다.

회석에 시간을 넣은 스테노

스테노

화석으로 생명과 시간을 연결한 사람은 덴마크 사람 스테노(Niels Steno, 1638-1686)입니다. 독실한 천주교 신자였던 스테노는 신이 만든 생명은 절대 멸종할 수 없다는 생각을 했습니다. 그는 발견된 화석을 보면서 사라진 생명체들은 멸종한 것이 아니라 노아의 방주 이야기에서 나오는 대홍수 때문에 사라진 것이라고 설명했습니다. 그리고 화석은 대홍수 이전에 살았던 생명의 흔적들이라고 했습니다.

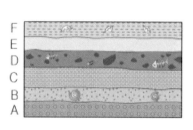

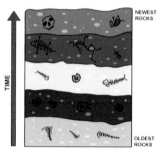

순서는 A-F로, 화석이 발견되지 않은 A는 생명이 살지 않았던 시대,
화석이 발견되지 않은 E는 대홍수(노아 방주)에 의해 모든 생명이 사라진 시대

그가 우리에게 남겨준 또 하나의 이야기는 '지층누중의 법칙(law of superposition)이라는 것입니다. 지층의 순서대로 맨 위에 있는 지층은 가장 젊은 지층이기 때문에 그곳에서 발견되는 화석일수록 나이가 어리고 아래층에서 발견되는 화석일수록 더 오래된 화석이라는 것입니다. 그리고

화석이 발견되지 않은 맨 아래 지층은 생명이 살지 않았던 시대이기 때문에 화석이 없고, 위층에 있으면서도 화석이 발견되지 않은 부분은 노아의 홍수로 인해 생명이 사라진 시기라는 것입니다. 홍수 이야기를 제외하면 스테노의 이 설명은 매우 타당합니다. 그래서 이것을 '지층누중의 법칙'이라고 이름 붙일 수 있는 것입니다.

생명의 관계를 정리한 린네

린네

린네(Carl von Linné, 1707-1778)라는 이름은 이 책을 읽는 사람이라면 누구나 한번쯤은 들어보았을 것입니다. 우리 모두가 알고 있듯이 린네는 생명에 이름을 붙인 사람입니다. 이름도 아주 긴 이름을 붙였습니다. 이름이 길어진 이유는 생명체의 족보를 달았기 때문입니다. 대부분의 사람은 이름에 성씨가 있습니다. 우리 나라에서는 만약 김(金) 아무개라고 하면 김이라는 성(姓)에 대한 이력을 이렇게 소개할 수 있습니다. '김해 김씨 삼인파 72대 손' 이런 식으로 자신의 이력을 늘어놓을 수 있습니다. 이것은 서양에서도 마찬가지로 찾아볼 수 있습니다. 예를 들어 Johann Sebastian Bach라면 Bach는 부모로부터 물려받은 성(姓)을 나타내고 가운데 Sebastian은 그의 가문을 지칭하는 별명이나 또는 그를 칭하는 특징을 나타냅니다. 그리고 마지막 Johann이 바로 고유한 이름이 되는 것입니다. 이처럼 린네는 발견한 동물들의 이름을 체계적으로 붙인 사람입니다.

그가 이렇게 이름을 붙이게 된 동기는 당시 쏟아져 나오는 화석의 양이 엄청나게 많았기 때문입니다. 그는 발견된 화석과 당시의 생명체들과의 연관성을 찾아 서로 연결해 나갔습니다.

린네의 책 자연의 체계

사람 학명

그는 주로 식물을 분류했는데 그가 쓴 '자연의 체계'라는 책에서 신이 생명을 만들었기 때문에 새롭게 만들어진 종은 없으며 생명은 자신과 비슷하게 생긴 또 다른 생명체를 만들어 낸다고 이야기했습니다. 그리고 인간과 유인원을 자세히 살펴보고 유사한 부분이 많다는 것을 발견하여 똑같은 '호모(Homo)'라는 속명(屬名)에 포함시켰습니다. 린네가 만든 이러한 분류체계는 생명들 간의 유사성에 대해 많은 사람들이 관심을 가지게 되는 계기를 만듭니다. 서로 비슷한 종들의 체계를 묶어 나가다 보면 과거의 화석이 현재의 생명과 어떤 관계가 있는지를 추측할 수 있습니다. 그리고 모양과 습성에 관한 유사성은 생명이 어떻게 변화되었는지에 대해 많은 이야기를 전해 줄 수 있습니다.

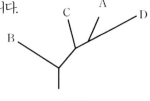

분류 체계

이렇게 분류하며 거슬러 올라가다 보면 결국은 최초의 생명과 만나게 됩니다. 그 최초의 생명에 대한 탐구가 결국 진화와 창조의 선택에 대한 논쟁을 만들게 되는 것입니다.

종	속	과	목	강	문	계
사 람	사람속	사람과	영장목	포유강	척추동물문	동물계
고양이	고양이속	고양이과	식육목			
호랑이	고양이속					
개	개속	개과				
제 비	제비속	제비과	참새목	조강		
구렁이	구렁이속	뱀과	뱀목	파충강		
두꺼비	두꺼비속	두꺼비과	개구리목	양서강		
호랑나비	호랑나비속	호랑나비과	나비목	곤충강	절지동물문	
달랑게	달랑게속	달랑게과	십각목	갑각강		

동물 분류표

생명 진화에 대한 이야기를 시작한 뷔퐁

뷔퐁과 『박물지』

'뷔퐁(Comte de Buffon, 1707-1788)'이라는 이름을 어디서 들어본 것 같지 않나요? 빅뱅에 관한 이야기에서 육천 년이었던 지구 나이를 쇠구슬을 가열하여 식히는 과정을 통해 칠만 년으로 늘린 인물입니다. 그는 『박물지』라는 책에서 지구 역사와 동물과 식물의 다양한 자료와 그림을 넣어 무려 44권을 발표했습니다. 그는 처음에는 린네와 마찬가지로 생명은 신이 만들었기 때문에 완벽하며 새로운 종이 나타날 수 없다고 생각했습니다. 하지만 해부학적인 연구를 하던 중 동물에게 사용되지 않는, 즉 퇴화된 부분이 있다는 것을 발견했습니다. 신이 만든 완벽한 생명체에 불필요한 부분이 있다는 것은 쉽게 납득이 가지 않는 것이었습니다. 그래서 그는 생명이 환경과의 적응에서 어떤 변화가 일어났을 수도 있다는 생각을 하게 됩니다. 같은 코끼리도 생활하는 환경에 따라 그 생김새와 특징이 달라진다는 것입니다.

뷔퐁의 이러한 아이디어는 이후 생명의 역사에서 가장 중요한 인물인 다윈에게 영향을 주게 됩니다.

"우리가 일단 식물과 동물의 가족들이 있다는 것을 인정한다면 당나귀가 말 가족의 일원일 수 있다. 하나가 다른 하나와 공동 조상에서 퇴보되어 다르게 되었을 뿐이라면, 원숭이는 인간의 가족으로 퇴보한 사람일 뿐이다. 따라서 당나귀와 말이 그렇듯이 원숭이와 사람에게도 공동 조상이 있다는 것을 받아들일 여지는 충분할 것이다. 그렇다면 동물이든 식물이든 모든 가족은 단일한 선조로부터 태어났음이 분명할 텐데, 단일한 선조는 세대를 거듭한 후에 어떤 경우에는 높은 자손이 되었고, 다른 경우에는 낮은 자손이 되었다."

- '뷔퐁' [93]

날개의 다른 구조
같은 기능

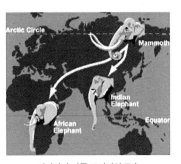

지역마다 다른 코끼리의 모습

---

93) 위키피아에서 발췌.

진화를 만든 라마르크

라마르크

Diagram showing the elongation of a giraffe's
neck according to Lamarck's theory of the

라마르크의 기린

우리가 가장 혼돈 하는 진화(進化, evolution)에 대한 이야기는 바로 라마르크(Jean-Baptiste Lamarck, 1744-1829)의 용·불·용설(用不用說, Theory of Use and Disuse)과 다윈의 자연선택(自然選擇, natural selection)입니다. 하지만 두 이론은 완전히 다른 이야기입니다. 라마르크의 이론은 위의 기린 그림 하나로 충분히 설명할 수 있습니다.

기린이 먹이 활동을 하고 있습니다. 낮은 곳의 먹이를 먹을 때는 목이 짧아도 되지만 긴 나뭇가지 위의 먹이를 먹으려면 목이 더 길어져야 합니다. 주변의 낮은 나뭇잎들은 모두 먹었습니다. 이제 높은 가지에 있는 잎을 먹어야 합니다. 그래서 목은 자꾸 위로 뻗도록 사용되었고 결국은 길어지게 되었습니다. 그래서 라마르크는 '사용하는 기관은 환경에 적응하는 방향으로 변화한다.'는 결론을 내렸습니다. 이 이야기는 과학을 접한 많은 사람들에게 아주 잘 전달되는 방법입니다. 하지만 당시 많은 사람들로부터 비판을 받았다고 합니다. 그 이유는 어떤 신체의 한 부분이 쓰면 쓸수록 발달한다는 발상은 좀 황당한 면이 있었습니다. 예를 들어 내가 만약 아주 멋진 몸매를 갖기 위해 열심히 근육 운동을 해 아주 멋지고 단단한 몸을 가지게 되었다고 합시다. 그러면 나의 자식들은 모두 운동을 하지 않아도 탄탄한 근육을 가지고 태어나는 것일까요? 그렇지는 않을 것입니다. 이것을 과학적으로 이야기하면 '후천적으로 만들어진 어떤 형질은 유전되지 않는다.'라는 것입니다. 이제 말이 나왔으니 유전과 관련된 부지런한 수도사님을 소개할 차례입니다.

유전을 수학적으로 계산한 멘델

멘델

그레고어 멘델(Gregor Mendel, 1822-1884)은 오스트리아의 식물학자이면서 교회의 수사였습니다. 그는 교회의 한쪽 밭에 7년 동안 완두콩을 재배하며 세대를 거듭하며 나타나는 유전 형질에 대해 연구했습니다. 그의 연구는 '멘델의 유전법칙'이라는 위대한 이름을 얻게 됩니다. 그의 업적이 생명의 역사에서 중요한 가장 큰 이유는 바로 부모로부터 물려받은 유전자에 의해 자손의 외형이 결정된다는 것입니다. 한마디로 '콩 심은 데 콩 나고 팥을 심은 데 팥 난다'는 이야기입니다.

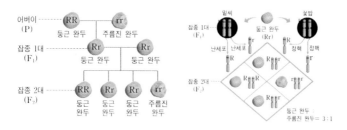

멘델의 유전 법칙

〈그림출처〉: http://study.zum.com/book/18094

그는 둥근 완두콩(RR)과 주름진 완두콩(rr)을 교배하여 얻은 완두콩, 즉 잡종 1대의 유전형질(Rr×Rr)을 서로 곱하는 방식으로 표현하여 잡종 2대의 둥근 완두와 주름진 완두의 비가 3:1로 나타난다는 것을 발견했습니다. 방식은 'Rr × Rr = RR + Rr + Rr + rr'이 되어 대문자 R이 포함되면 둥근 유전형질을 갖게 되어 둥글게 표현되기 소문자 rr이 두 개 겹치면 주름진 콩이 됩니다. 때문에 둥근 완두와 주름진 완두의 비가 3:1이 됩니다.

그가 발견한 법칙에는 우열의 법칙, 분리의 법칙, 독립의 법칙 등이 있습니다. 멘델이 남긴 이러한 업적은 생명 진화의 과정은 유전자에 의해 변화가 일어난다는 것을 알게 했습니다. 멘델 덕분에 유전에 대한 다양한 이해와 유전적 질환의 원인, 유전자에 대한 연구를 거쳐 결국 DNA의 발견과 유전자를 이용한 생명과학기술에 영향을 주게 되는 것입니다. 특히 다윈이 설명하지 못했던 진화의 유전적 원리에 대해서 도움을 준 것은 말할 나위 없이 당연한 것이었습니다.

진화를 완성한 다윈

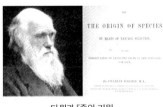

다윈과 『종의 기원』

다윈(Charles Robert Darwin, 1809-1882)은 생명 분야에서 아인슈타인과 같은 존재입니다. 왜냐하면 아인슈타인의 상대성 이론에서 우주의 모든 것이 설명되듯이 다윈의 자연선택 이론으로 생명에 대한 거의 모든 현상이 설명되기 때문입니다.

우리가 읽고 있는 다윈의 진화론은 더욱 엄밀하게 이야기하면 자연선택(自然選擇, natural selection)입니다. 앞에서도 이야기했지만, 우리가 흔히 생각하기 쉬운 진화(進化, evolution)는 라마르크의 용·불용·설(用不用說)을 떠올리기가 쉽습니다. 하지만 다윈은 환경에 적응하여 신체의 일부가 바뀌는 것이 아니라 환경에 적응한, 즉 환경에 선택된 종들만이 살아남아 유전된다는 새로운 진화에 대해 설명했습니다.

Theory of Natural Selection

자연선택이론[94]

그 내용을 먼저 라마르크의 기린 예로 설명해 보면 원래 기린 무리에는 대부분 목이 짧은 기린이 살았습니다. 때때로 목이 긴 기린도 있었습니다. 이런 기린이 살았던 환경에서 기린이 먹을 수 있는 식물의 높이는 점점 높아졌습니다. 그래서 목이 긴 기린은 높은 곳의 잎들을 먹을 수 있어 살아남고 목이 짧은 기린은 살아남지 못해 사라졌다는 것입니다. 이것을 다윈은 환경 즉, 높은 키의 나무가 있는 자연에 의해 목이 긴 기린이 선택되었다는 것입니다.

그러면 여기서 '목이 긴 종은 어떻게 생겨나게 되었는가?'에 대한 의문이 들 것입니다. 다윈은 '돌연변이(突然變異, mutation)'라고 설명합니다. 돌

---

94) http://www.learnbionow.com/uploads/1/4/0/1/14012789/_8669451_orig.png

연변이란 부모에게서 찾아볼 수 없는 새로운 형질의 유전자를 가진 개체를 이야기합니다. 우리가 잘 알고 있는 DNA에 이상이 생겨 새로운 유전자가 만들어지고 이 유전자가 유전된다는 것입니다. 그러니까 목이 짧은 기린 무리에서 목이 긴 돌연변이 기린이 생기게 되고 환경에 적응한 목이 긴 유전자를 지닌 기린이 유전되어 현재는 목이 긴 기린만 살아남게 되었다는 것입니다.

 유전자와 돌연변이

유전자는 세포핵 안에 들어 있는 유전물질을 이야기합니다. 유전물질이란 부모에게서 물려받은 특징이 그대로 자손에게 전달되는 물질을 이야기합니다.

한 개의 세포 안에는 유전물질이 담겨 있는 핵이 있습니다. 이 핵 속에는 여러 개의 염색체가 있습니다. 염색체 속에는 유전을 결정하는 DNA라는 이중나선 모양의 물질이 있습니다. 이 DNA가 분열하면서 새로운 DNA가 만들어져 유전되는 것입니다.

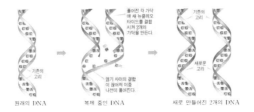

DNA는 서로 특별한 연결이 이루어집니다. 연결에 관여하는 것을 '염기'라고 하는데, 염기의 종류는 아데닌(Adenine; A)과 구아닌(Guanine; G)의 시토신(cytosine; C), 티민(thymine; T)이 있습니다. 이것은 마치 암호 코드처럼 부모로부터 전달됩니다. 꼭 A-T, C-G가 서로 연결되어야 합니다. 하지만 어떤 문제가 발생하여 유전자 순서가 바뀌게 되는데, 이때 돌연변이가 발생하는 것입니다. 아래 그림은 우리 혈액 속의 적혈구가 DNA 염기 서열의 변화로 다른 모양의 적혈구가 만들어지는 것을 그림으로 표현한 것입니다.

정상
염색체
돌연변이
발생
정상 유전자
DNA상 변화
돌연변이
유전자
정상 단백질
돌연변이
단백질
정상 단백질과 아미노산 서열이 다르다.
정상 형질
새로운
형질
후손의 다양성 증가

DNA의 발견은 미국의 제임스 왓슨(James Dewey Watson, 1928-)과 영국의 프랜시스 크릭(Francis Harry Compton Crick, 1916-2004)에 의해 1953년 4월 25일, 과학저널 『네이처』지에 아주 짧은 1장 분량으로 발표됩니다. 논문의 길이는 짧지만 그에 얽힌 이야기는 아주 흥미진진합니다. 두 사람은 여성 과학자 프랭클린(Rosalind Elsie Franklin, 1920-1958)의 연구에 DNA의 구조를 밝혀내는 데 결정적인 사진이 있다는 것을 알게 됩니다. 그래서 프랭클린과 함께 연구하고 있지만 그녀와 사이가 좋지 않았던 윌킨스에게서 DNA에 관한 연구 사진을 입수합니다. 결국 왓슨과 크릭 그리고 윌킨스는 노벨상을 수상하게 되고 프랭클린은 38살의 젊은 나이로 세상을 떠나게 됩니다.

왓슨(왼) 크릭(오)   프랭클린

이 흥미진진한 이야기는 왓슨이 지은 『이중나선』이라는 책에 아주 자세히 소개되고 있으니 꼭 한 번 읽어 보시기 바랍니다. 또한 프랭클린의 책도 함께 읽어 보면서 당시 과학계에서 소외당했던 한 여성 과학자의 치열한 삶과 과학에 대한 열정도 함께 느껴 보시기 바랍니다.

　　다윈은 1809년 영국에서 태어납니다. 아버지는 의사 집안으로 유명했고 어머니는 도자기 만드는 회사로 유명한 집안이었습니다. 웨지우드 도자기는 지금도 여전히 아름다운 도자기를 만들고 있는 회사입니다.

　　의사 집안이다 보니 다윈도 당연히 의과대학에 진학했지만 수술 중 들려오던 환자의 비명 소리(당시에는 마취제가 발명되기 전임)에 놀라 그만 의과대학을 그만두었습니다. 다윈의 아버지는 다윈이 목사가 되길 희망하여 케임브리지대학에 다시 입학시켰습니다. 하지만 어렸을 때부터 생물에 관심이 많았던 다윈은 식물학 교수 헨슬로우를 만나 생물에 관한 여러 가지 지식을 듣고 의견을 나누며 생명에 대한 관심을 키워나갔습니다.

그러던 중 1831년 영국은 식민지 경영을 위한 바닷길을 조사하고 경도를 측정할 목적으로 비글호를 출발시킨다는 계획을 발표합니다. 비글호 선장이었던 로버트 피츠로이는 자신과 긴 시간을 여행하며 성경 이야기와 탐험을 같이할 학자를 모집했습니다. 그래서 식물학자인 헨슬로

비글호

우가 가기로 했는데 그가 사정이 있어 가지 못하게 되자 대신 다윈을 추천했습니다. 하지만 다윈의 아버지는 다윈이 오랜 기간 배를 타고 여행하는 것을 반대하였습니다. 다행히도 외삼촌의 도움으로 다윈은 2년 일정으로 비글호 항해를 시작하게 됩니다.

다윈은 예정보다 3년 길어진 5년의 항해 동안 아주 많은 것을 관찰하고 수집하고 또 기록했습니다. 특히 남아메리카 서쪽 해안의 갈라파고스 섬에서 그가 관찰한 기록은 이전의 인간이 만나지 못했던 아주 많은 종들의 기록입니다. 그중에서도 자연선택과 관련된 대표적인 발견이 바로 작은 새 핀치에 관한 관찰기록입니다.

갈라파고스 핀치

똑같은 종의 핀치가 먹이의 종류에 따라 서로 다른 모양의 부리를 갖게 되었다는 것입니다. 즉 원래는 똑같은 부리 모양을 가진 핀치가 있었는데 각각의 핀치가 살아가는 자연환경(먹이)에 적응한 부리모양의 핀치는 살아남게 되고 그렇지 않은 핀치는 도태(淘汰, die out)되었다는 것입니다. 다윈은 5년간의 여행을 마치고 1836년에 27세의 나이로 귀국하여 그간의 여행을 정리한 '비글호 항해기'를 출간합니다.

다윈은 이후 탐사 중에 얻은 병으로 늘 건강이 좋지 않았습니다. 비글호 항해기 출간 이후 23년 뒤인 1859년, 그는 50세에 최대의 역작 『종의 기원』을 출판합니다. 이 책의 핵심은 '모든 생명은 한 개의 조상을 갖는다.'는 것입니다. 더 간단히 이야기하면 '원숭이와 사람은 같은 조상을 갖는다.'입니다. 당시 사회에서 다윈의 주장은 인간을 만물의 영장으로 여기고 있는 일반인들에게는 원숭이와 인간이 같은 계급에 위치에 있다는 것에 매우 불편한 심기를 드러내었습니다. 심지어 원숭이와 다윈을 이중으로 그린 우스꽝스러운 풍자그림 까지 유행했습니다.

하지만 종의 기원은 수많은 사람들에게 생명이 어떻게 시작되었는지, 그 출발에 많은 영감을 주게 됩니다. 그로 인해 그의 자연선택이론은 생명뿐만 아니라 일반적인 사회현상까지도 활용됩니다. 복잡하게 얽혀 있는 세상에서 누구는 살아남게 되고 누구는 사라져 가는가에 대한 이야기는 사람의 삶과 역사에 고스란히 적용되어 변화하는 세계에 '적응(適應)'하면 살아남을 것이고 적응하지 못하면 살아남지 못하게 된다는 이야기는 지금 우리에게도 많은 메시지를 던져 주고 있습니다.

우리가 살아가는 환경은 한시도 가만히 있지 않고 우리는 그 변화의 한 가운데 있습니다. 그 대표적인 것이 기후 변화입니다. 급속도로 변화하는 지구 환경에 살아남기 위해서는 변화에 적응하는 다양한 방법이 필요합니다.

다윈의 메모에서 우리는 그의 놀라운 통찰력을 읽을 수 있습니다. 왼쪽 윗부분의 'I think'로 시작하는 그의 메모 전체를 다 읽을 수는 없지만, 아래의 그림을 살펴봅시다. ①로 시작해서 펼쳐져 나가는 가지를 보면 생명의 시작점에서 자연 선택에 의해 생명체들이 진화되어 간다는 그의 생각을 짐작할 수 있습니다. 이 가지의 끝에 인간이 서 있게 되는 것입니다. 이제 인간

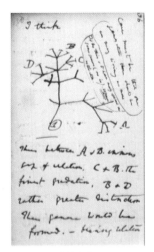

다윈의 메모

이 다윈이 그려 놓은 어떤 가지와 경로로 어디쯤에 있는지에 대한 긴 이야기를 시작해야 합니다. 이야기의 출발은 다시 뜨거웠던 46억 년 전 지구에서 시작됩니다.

생명체의 시작

    지구가 만들어지고 8억 년이 지난, 지금으로부터 38억 년 전의 지구는 화산 폭발과 그에 따른 용암으로 인해 여기저기 뜨거운 바다에서 섬들이 만들어졌습니다. 또한 지속적으로 지구로 떨어지는 운석은 생명을 만드는 데 필요한 다양한 유기 물질을 실어 날랐습니다.

    앞서 말했듯 지구의 환경에서 어떻게 생명이 탄생하게 되었는지는 여전히 확실한 답을 찾지 못했습니다. 이에 대해 우주에서 떨어지는 운석에 생명체의 씨앗이 있었다고 주장하는 학자들도 많습니다. 운석에서 다양한 생명체에 필요한 유기 물질이 발견되었기 때문입니다. 또한 빅뱅이란 말을 만든 프레드 호일, DNA의 구조를 발견한 크릭 등도 생명의 기원을 우주에서 찾아야 한다고 주장했습니다.

    이러한 다양한 주장 가운데 여전히 대기에는 생명 탄생에 필요한 가스들이 가득 차 있었고, 뜨거운 바다에는 유기물들로 만들어진 액체들이 마치 스프처럼 끓고 있었으며, 끊임없이 번개는 천둥소리를 울리며 육지와 바다로 쏟아졌습니다.

왼쪽은 남극에서 발견된 야마토 운석(Y000593)의 모습이며 오른쪽 위는 엘렌 구릉에서 발견된 운석 (ALH84001)을 잘게 부수어 전자 현미경으로 관찰하면서 발견한 박테리아 모양의 구조다. 오른쪽 아래는 야 마토 운석에서 발견된 구형 모양의 구조체(빨간 동그라미)다. 생명 현상의 흔적으로 주장되었다.

출처: Wikim edia Commons, Lauren 등, 2014(주 [8])

〈그림16〉[95]

 ### 유기물과 무기물

유기물과 무기물은 생명을 이해하는 데 가장 중요한 용어입니다. 이 낱말은 늘 들어도 좀처럼 잘 기억되지 않은 낱말입니다. 그래서 아주 간편하게 기억하는 법을 알아볼까요?

1. 유(있을 유: 有)기물은 생명을 이루는 것에 꼭 필요힌(有) 물질입니디.
2. 무(없을 무: 無)기물은 생명을 이루는 것에 필요 없는(無) 물질입니다.
3. 생명을 구성하는 유기물에는 꼭 탄소(C)가 필요합니다.
4. 반대로 무기물에는 탄소가 없습니다.
5. 탄소는 스스로는 생명체를 구성하는 물질을 만들 수 없으므로 다른 물질과 결합해야 합니다.
6. 탄소가 다른 물질과 결합한 것을 유기화합물이라고 합니다.
7. 그러므로 유기물은 탄소와 다른 물질이 결합되어 있습니다.
9. 유기물의 대표적인 것은 아래와 같습니다.
    - CH: 탄화수소
    - CHO: 지방, 탄수화물, 유기산
    - CHONS: 단백질
    - CHONSP: 핵산, ATP
10. 이 유기물들이 생명을 구성합니다.

---

95) http://scienceon.hani.co.kr/files/attach/images/73/401/162/00astro3.jpg

최초의 생명체를 만든 사람들: 오파린 가설과 밀러 실험

러시아의 생화학자 오파린(Alexander Oparin, 1894-1980)은 38억 년 전 지구를 가득 메운 가스가 계속되는 번개에 합성되어 최초의 생명체 코아세르베이트가 만들어졌다는 가설을 내세웠습니다.

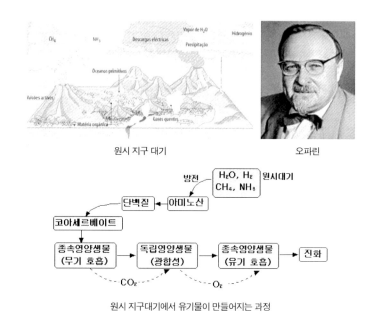

원시 지구 대기   오파린

원시 지구대기에서 유기물이 만들어지는 과정

그의 가설에 따르면 원시 지구의 대기에는 물, 수소, 메탄, 암모니아 분자들이 아주 가득했습니다. 그리고 하늘에서 번개가 쉴 새 없이 대기 중에 쏟아졌습니다. 이때 번개에 있는 에너지가 대기의 분자를 결합시켜 생명을 구성하는 기본 물질인 아미노산을 만들었습니다. 아미노산은 다양한 단백질을 구성하여 세포체 코아세르베이트를 만들었고 이것이 환경에 적응하며 진화해 지금의 생명체가 되었다는 것입니다.

우리가 꼭 알아야 할
두 가지
과학 이야기

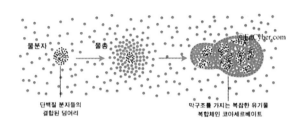

물분자　　　물층

단백질 분자들의
결합된 덩어리

막구조를 가지는 복잡한 유기물
복합체인 코아세르베이트

미국 화학자 스탠리 밀러(stanley miller, 1930-2007)는 오파린 가설을 증명하기 위해 원시 지구 대기와 거의 비슷한 환경의 실험 장치를 만들어 정말로 유기물이 만들어지는지 실험했습니다. 밀러는 그의 스승 유리와 함께 전기 방전 장치(번개 역할)가 있는 둥근 플라스크 안에 메탄, 암모니아, 물, 수소의 혼합 기체를 넣었습니다. 그리고 물을 가열하여 수중기를 지속적으로 공급했습니다.

그리고 전류를 둥근 플라스크 안으로 보내, 불꽃 방전을 일으키게 만들어서 원시 대기의 번개 역할을 하게 만들었습니다. 번개에 의해 만들어진 유기물은 냉각 장치를 거쳐 식으면서 U자 관을 통해 아래로 내려왔습니다. 유기물이 합성되었는지를 확인하자 놀랍게도 정말로 유기물이 합성된 것을 확인할 수 있었습니다.

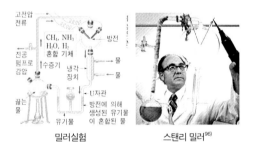

밀러실험　　　　스탠리 밀러[96]

〈그림출처〉: http://study.zum.com/book/15137

---

96) http://usercontent1.hubimg.com/7386082.jpg

밀러 실험은 자연에서 생명체가 만들어질 수 있다는 가설을 입증했습니다. 하지만 이것은 널리 받아들여지지 못했습니다. 당시의 지구 환경이 실험실의 조건과 맞지 않는다는 이야기와 다른 과학자들의 반대 실험 결과는 지구에서는 아미노산이 만들어질 수 없다는 것을 입증했기 때문이죠. 하지만 밀러의 실험은 창조적인 아이디어로 어떻게 생명이 만들어지게 되었는지 입증하려 한 최초의 활동이라는데 큰 의미가 있습니다. 또한 최초의 생명체가 화학적인 작용에 의해 만들어졌다는 아이디어를 제공했습니다.

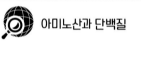 **아미노산과 단백질**

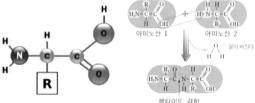

아미노산은 생명의 필수 물질인 단백질을 구성하는 기본물질입니다. 아미노산은 C(탄소), H(수소), O(산소), N(질소)로 구성되어 있습니다. 그리고 R의 위치에 어떤 물질이 결합되는가에 따라 아주 다양한 아미노산이 만들어집니다. 현재까지 22가지 정도의 아미노산이 발견되었다고 합니다.
아미노산은 서로 결합하여 단백질을 만드는데 아미노산이 결합하여 단백질을 만드는 결합을 펩타이드 결합이라고 하고, 이 결합 과정에서 물이 새로 생겨나게 됩니다. 단백질은 생명을 구성하는 기본 물질이며 앞에서 배운 DNA, 복제 과정도 새로운 단백질을 만들어 내는 과정입니다.

최초의 생명체 박테리아

걸쭉하게 데워진 바다에서 최초의 생명체가 만들어졌다는 것이 지금 가장 많은 사람들에게 받아들여지는 이야기입니다. 바다와 화학적 결합에 의해 만들어진 유기물들의 합성이 최초의 생명체 박테리아를 만들게 되었다는 것입니다. 박테리아가 생명의 시작이었다는 것은 지금까지 대부분의 생명체에서 동일한 유전자가 발견되었기 때문입니다. 그럼 어떻게 끓고 있는 원시 지구의 바다에서 박테리아가 만들어지게 되었을까요?

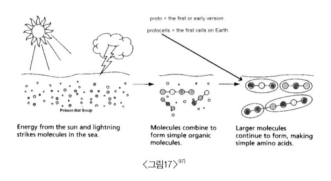

<그림17>[97]

뜨거워지는 원시 바다에는 생명을 구성하는 데 필요한 C(탄소), H(수소), O(산소), N(질소), 인(P) 거품들이 있었습니다. 이 거품들은 햇빛과 번개 등의 여러 가지 환경 요인에 의해 서로 결합되어 단순한 형태의 유기물 분자를 만듭니다. 이 유기물 분자들은 더 큰 분자들로 결합하게 되어 단백질과 유전 정보를 지닌 세포를 만듭니다. 이렇게 만들어진 유기물 분자에는 유전 정보가 있어 복제가 가능했으며 복제는 아주 급속도로 번져나갔습니다. 이때가 38억 년 전 무렵의 일입니다.

---

97) http://www.welchclass.com/Biology/evolution/protocellsans.jpg

핵이 없는 세포의 탄생: 원핵세포

원시 세포들은 핵이 없는 원핵세포로 발달하며, 원핵세포는 아주 단순한 구조로 이루어져 있습니다. 세포는 벽과 막으로 구성되어 있는데, 이들은 외부 환경으로부터 세포 내부를 보호하는 역할을 합니다. 세포 내부는 주로 단백질을 만드는 리보솜, 유전 정보를 갖고 있는 유전 물질로 이루어져 있습니다. 세포벽에는 선모라는 털이 있는데 선모는 다른 세포와 결합할 때 유전물질을 전달하는 역할을 합니다. 그리고 길쭉한 편모는 운동을 담당합니다. 최초의 원핵세포 형태는 핵이 따로 없는 아주 단순한 구조입니다.

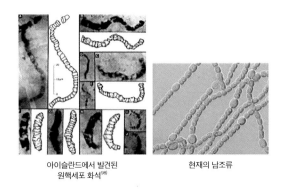

아이슬란드에서 발견된
원핵세포 화석[98]

현재의 남조류

원핵세포들이 바다 전체를 뒤덮고 있을 만큼, 원핵세포는 약 20억 년 동안 지구를 뒤덮었습니다. 지구 대기는 원핵세포들이 내뿜는 냄새와 화산에서 뿜어져 나오는 유해 가스들로 가득 차 있었습니다.

---

98) http://www.astrobiology.ucla.edu/ESS116/L15/1515%20Apex%20Chert.jpg/

핵이 있는 세포로의 진화: 진핵세포

원핵세포는 광합성이 가능한 청록색 박테리아 형태로 진화합니다. 청록색 박테리아는 약 18억 년 동안 온 지구를 뒤덮었습니다. 청록색 박테리아는 탄생과 죽음을 반복하며 퇴적되어 얕은 바다에서 암석 같은 형태를 만들게 되는데 이것을 스트로마톨라이트(stromatolite)라고 합니다.

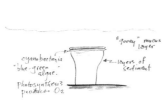

스트로마톨라이트의 생성

오스트레일리아 해안의 스트로마톨라이트

 광합성(光合成, photosynthesis)

광합성은 식물의 엽록체에서 물과 이산화탄소를 이용해 양분을 만드는 과정입니다. 광합성 과정에서 양분과 산소가 발생합니다. 이렇게 발생된 산소는 생명체들에게는 없어서는 안 되는 중요한 것이지만, 산소는 또한 매우 강력한 산화 물질이기도 합니다. 산화 물질이란 다른 물질과 결합을 잘하는 물질을 말합니다. 또한 산소는 강력한 살균 효과도 있습니다.

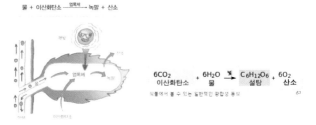

$$6CO_2 + 6H_2O \xrightarrow{\text{빛}} C_6H_{12}O_6 + 6O_2$$
이산화탄소 · 물 · 설탕 · 산소

청록색 박테리아기 광합성으로 만든 산소는 그들 지신을 위협하게 됩니다. 산소는 생명을 만드는 원소와 반응해 새로운 물질을 만들어 내어 더이상 생명을 만들 수 없는 환경이 되었기 때문입니다. 또한 산소의 강력한살균 작용도 더 이상 생명을 유지할 수 없는 환경을 만들어 내었습니다. 그래서 원핵세포는 또 한 번의 진화가 필요했습니다. 핵 없이는 더 이상 생명을 유지하거나 유전 정보를 전달하기 어려웠기 때문입니다.

그래서 그들은 핵과 함께 새로운 기관을 많이 만들어 냈습니다. 물론이 기관은 산소를 이용해야 했습니다. 운이 아주 좋게도 대기 중의 이산화탄소와 산소는 새로운 생명이 살아가기에 아주 좋은 환경을 만들어냈습니다. 이산화탄소는 적당한 온도의 온실을 만들었고 산소는 자외선을 막아주는 오존층을 만들었습니다. 적당한 온도가 되었고 무서운 자외선도 피할 수 있는 환경이 마련되었으니 이제 몸의 구조를 바꾸기만하면 됩니다.

핵이 있는 세포를 진핵세포라고 합니다. 원핵세포와 대표적인 구조 차이는 핵이 있다는 것입니다. 핵은 유전물질이 안전하게 담겨 있는 장소입니다.

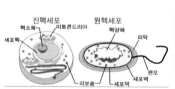

원핵세포와 진핵세포의 비교

진핵세포를 원핵세포와 비교해 보면 핵 이외에 새롭게 만들어진 것은미토콘드리아라는 것입니다. 미토콘드리아는 유전자와 단백질을 만들지만 우리가 진화와 관련해서 주목해야 할 일은 산소를 이용해 생명체가 살

아가는 데 필요한 에너지를 만
든다는 것입니다. 결국 미토콘
드리아 덕에 산소를 피하지 않
고 이용할 수 있게 적응하는 방
향으로 진화했다는 것입니다.

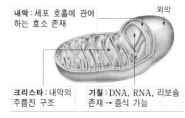

산소로 에너지를 만드는 미토콘드리아 구조
〈그림출처〉: http://study.zum.com/book/12327

대기 중의 산소를 통해 다시
생명을 이어가게 된 세포들은 더욱 적극적으로 결합해 나갔습니다. 현
재의 모든 생명이 작은 박테리아로부터 시작했다는 것은 그리 놀라운
일도 아닙니다. 우리 몸에는 여전히 아주 많은 박테리아들이 있으며 우
리 주변에는 더 많은 박테리아들이 살고 있기 때문입니다. 박테리아는
무려 30억 년 가까이 지구를 지켜왔습니다. 46억 년의 지구의 시간에서
생명이 있었던 시간 35억 년 중 30억 년이 박테리아의 시간이었습니다.

지구의 온도는 점점 식어가고 또 다른 생명 진화가 시작되고 있습니다.

 세포의 발견

세포를 발견한 사람은 로버트 훅입니다. 그는 현미경을 이
용해 코르크를 관찰하면서 아주 작은 방을 발견하게 됩니
다. 그는 이 방을 '작은 방'이라는 뜻의 '세포(細胞, cell)'라고
이름을 붙여 주었습니다.

세포는 크게 동물 세포와 식물 세포로 나눌 수
있습니다. 동물 세포는 세포벽이 없고 식물 세포
는 세포벽이 있습니다. 아무래도 두꺼운 벽으로
몸을 지탱해야 하기 때문일 것입니다. 그리고 식
물 세포에는 광합성에 필요한 엽록체가 있는 것
을 볼 수 있습니다.

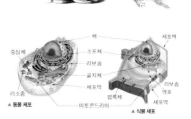

식물의 시작

식물의 진화는 동물의 진화에 비해 간단하게 설명할 수 있습니다. 얕은 바다에서 광합성을 즐기던 청록색 박테리아 등은 지금으로부터 4억 5000만 년 전 쯤 땅으로 올라옵니다. 하지만 물은 여전히 생명을 유지하는 환경이었기 때문에 과감하게 육지로 올라오지는 못합니다. 하지만 오존층과 온실효과 덕분에 땅위도 살만한 곳이 되어가고 있었습니다.

최초의 육상 식물 이끼: 선태식물

최초로 육지로 올라온 식물은 이끼류입니다. 그 때나 지금이나 이끼는 물기가 촉촉한 곳에서 잘 자랍니다.

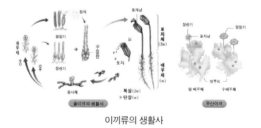

이끼류의 생활사

육지로 올라온 이끼는 물가의 바위에 서로 단단히 엉겨 붙어 안정된 자리를 잡은 후 살랑거리는 바람에 의해 만들어진 포자를 퍼트리면서 번식해 나갔습니다. 광합성을 하며 양분을 만들고 출렁거리는 물의 도움으로 수분도 공급받을 수 있었습니다. 이끼 뿌리는 물을 흡수하는 기능보다는 단단히 자기 몸을 고정시키는 역할을 하였습니다.

이끼는 점점 번식에 필요한 포자가 물이 없어도 마르지 않도록 더욱 단단히 감쌌습니다. 그리고 점차 물에서 멀어져 갔습니다. 물에서 멀리 벗어났으니 오로지 믿을 것은 햇빛뿐이었습니다. 잎도 점점 넓어지고 키도 점점 커졌습니다. 드디어 온 지구를 뒤덮을 아주 번식력이 뛰어난 양치식물이 출현하게 됩니다. 그 대표적인 것이 고사리입니다.

공룡과 함께한 절대 강자 고사리: 양치식물

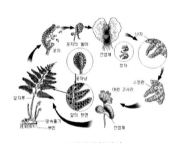

고사리의 한살이

고사리는 우리에게 아주 친숙한 식물입니다. 가까운 산이나 공원 주변에서 아주 쉽게 찾아볼 수 있고 우리가 즐겨 먹는 음식 재료가 되기도 합니다. 그런 고사리가 현재 존재하는 식물 중에서 가장 오래된 식물이라는 것이 놀랍기도 합니다. 고사리를 자세히 살펴보면 아주 재미있는 것을 발견할 수 있습니다. 고사리의 뒷면을 살펴보면 아주 작은 주머니들이 달려 있습니다. 이 주머니 안에는 고사리 씨앗인 포자가 들어 있습니다. 이 포자는 바람이나 동물들이 건드렸을 때 그 충격으로 디지게 됩니다. 일단 터지면 그 속에 있는 수많은 씨앗이 주변으로 퍼져 나가 번식하게 됩니다.

고사리로 대표되는 양치식물은 아주 많은 종류로 퍼져 나가게 되고 육지를 뒤덮게 됩니다. 동물에게는 공룡의 시대가, 식물에게는 양치식물의 시대가 되는 것입니다. 하지만 화산 폭발, 운석 충돌, 대륙 이동과 같은 지구 환경의 변화는 또 다른 종으로의 진화를 요구하게 됩니다. 이러한 환경의 변화는 식물을 점점 물에서 멀어지게 하였고 다양한 방식으로 진화하게 됩니다. 좀 더 적극적으로 진화한 것이 바로 꽃과 열매와 나무들입니다.

세상을 아름답고 풍족하게: 꽃과 열매

식물이 물과 떨어진 환경에서 동물의 힘을 빌려 번식하기 위한 아주 획기적인 방법은 꽃이라고 할 수 있으며 이와 함께 등장한 것이 바로 열매입니다. 열매 또한 많은 동물을 유혹하기에 하주 좋습니다. 동물은 꽃과 열매를 통해 양분을 먹고, 식물은 동물을 통해 식물은 자손을 번식하게 되는 것입니다. 동물이 꽃에 있는 맛있는 꿀과 꽃가루를 먹으면 식물은 수정하게 되고 그로 인해 열린 열매는 동물의 먹이가 됩니다. 씨앗은 소화가 되지 않기 때문에 멀리 이동하는 동물의 대변으로 여기 저기 흩어져 자손을 번식시킬 수 있습니다. 식물 역시 치열한 경쟁과 환경의 적응을 통해 아주 다양한 종류들로 진화됩니다.

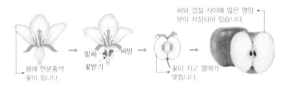

사과의 탄생

식물의 역사

식물의 역사를 이해하기 위해 간단한 분류 기준을 아는 것이 좋습니다. 이끼류, 즉 선태식물에서 출발한 식물은 꽃이 피지 않은 양치식물을 지나 꽃이 피는 식물이 되고 꽃이 피는 식물도 씨가 바깥으로 드러나 있는 겉씨식물과 씨가 열매 안에 있는 속씨식물로 진화됩니다.

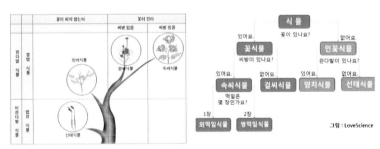

〈그림출처〉: http://www.seehint.com/catalog/2015/2015_05/img_02060161.gif (왼쪽)
http://www.lovescience.co.kr/ (오른쪽)

꽃이 피는 식물에는 씨방이 있는 것과 없는 것으로 나뉩니다. 씨방이 있는 것은 주로 우리가 먹는 과일입니다. 겉씨식물의 대표적인 것이 소나무, 은행나무 입니다. 꽃이 피지 않는 식물에는 고사리로 대표되는 양치식물과 이끼로 대표되는 선태식물이 있습니다.

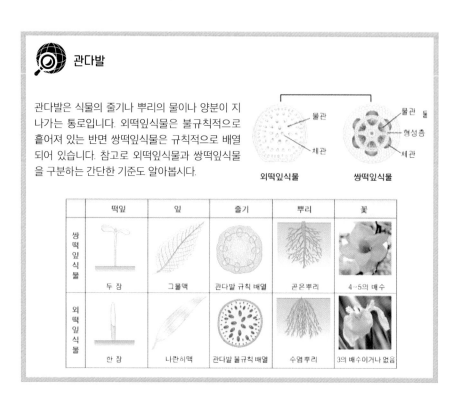

관다발

관다발은 식물의 줄기나 뿌리의 물이나 양분이 지나가는 통로입니다. 외떡잎식물은 불규칙적으로 흩어져 있는 반면 쌍떡잎식물은 규칙적으로 배열되어 있습니다. 참고로 외떡잎식물과 쌍떡잎식물을 구분하는 간단한 기준도 알아봅시다.

외떡잎식물 — 물관, 체관

쌍떡잎식물 — 물관, 형성층, 체관, 돌

	떡잎	잎	줄기	뿌리	꽃
쌍떡잎식물	두 장	그물맥	관다발 규칙 배열	곧은뿌리	4~5의 배수
외떡잎식물	한 장	나란히맥	관다발 불규칙 배열	수염뿌리	3의 배수이거나 없음

식물의 역사를 간단히 정리하면 물에서 출발한 식물은 물과 점점 멀어지면서 부족한 물을 보관하는 뿌리와 줄기가 발달됐고 광합성을 더욱 효과적으로 하기 위해 키가 점점 커졌습니다. 다양한 환경에 적응하기 위해 잎의 모양 또한 다양하게 진화되었습니다.

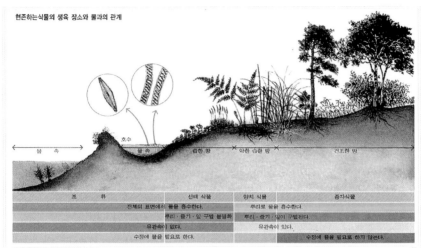

　　식물의 진화과정을 자세히 따라가다 보면 앞으로 만나게 될 동물의 진화 과정과 아주 흡사하다는 것을 발견할 수 있습니다. 그것은 바다에서 출발한 생명이 물과 점점 멀어지는 환경에 적응하면서 진화되어 갔다는 것입니다. 동물은 식물의 도움 없이는 생명을 유지할 수 없습니다. 그러므로 동물과 식물의 진화 과정이 비슷할 수밖에 없습니다.

　　식물이 다양한 종으로 진화된 계기 중 대륙의 이동에 관한 이야기가 있는데, 이것은 동물의 다양성에도 아주 많은 영향을 미칩니다. 그러므로 대륙 이동에 관한 이야기를 미리 알고 넘어가는 것은 앞으로 만나게 될 다양하고 복잡하게 진화되어 가는 생명에 과정을 이해하는 데 큰 도움이 됩니다.

대륙은 끊임없이 움직인다: 판 구조론

대륙은 아주 천천히 움직이기 때문에 이동한다는 것을 우리가 알 수 있는 방법은 딱히 없습니다. 다만 지진이 자주 일어나는 지역을 연결해 지각이 움직인다는 것을 간접적으로 알 수 있을 뿐입니다. 대륙(지각)이 움직인다는 것을 이해하기 위해서는 다시 한 번 지구의 구조에 대해 알아보는 것이 필요합니다. 지구는 4개의 큰 영역으로 나눌 수 있습니다.

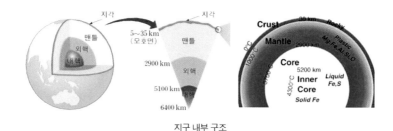

지구 내부 구조

제일 안쪽에 있는 내핵은 철과 니켈 등이 주요 물질이며 고체 상태입니다. 온도는 대략 4300℃로 아주 뜨거운 상태입니다. 그 다음은 철과 규소 등으로 구성된 액체 상태인 외핵이 있습니다. 온도는 3700℃ 정도입니다. 외핵의 바로 위층에 아주 넓고 깊은 액체와 고체의 중간 상태인 맨틀이 존재합니다. 이 맨틀은 대류를 하는데, 이 맨틀의 대류에 의해 조각난 지각이 움직이게 되는 것입니다. 즉, 지각은 조각들이 퍼즐처럼 맞추어져 있고 맨틀 위에 둥둥 떠 있는 것입니다. 이것을 지각이 판 구조로 이루어져 있다고 해서 '판 구조론'이라고 부릅니다.

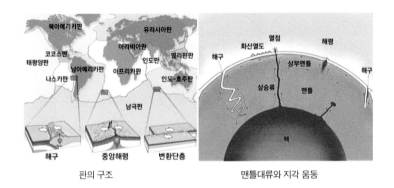

판의 구조   맨틀대류와 지각 움동

    대류이 이동하고 있다는 것은 독일의 기상학자 알프레드 베게너(Alfred Wegener, 1880-1930)에 의해 주장됩니다. 베게너는 아프리카의 서쪽과 남아메리카의 동쪽 지형이 비슷하게 생겼고 그것을 서로 연결해보니 거의 퍼즐처럼 꼭 들어맞는 것을 발견하였습니다. 그래서 그는 지구는 애초에 한 덩어리로 있었는데 대륙이 점점 이동하여 현재의 모습이 되었다는 '대륙 이동설'을 주장합니다.

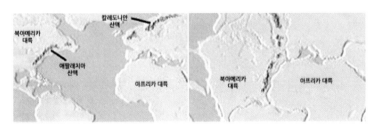

아메리카와 아프리카 대륙

    베게너의 이 주장은 당시에는 아주 획기적인 것이어서 많은 학자들이 받아들이지 않았습니다. 그가 이 사실을 주장한 해가 1915년이고 정식으로 받아들여진 해가 1950년이었으니, 현재 우리가 지구가 판으로 이

루어져 움직이고 있다는 것을 이해한 지는 고작해야 50년이 조금 넘었습니다. 베게너는 1930년 자신의 생일 날 그린란드 지역을 탐험하다 조난을 당해 죽게 됩니다. 그는 자신의 주장이 올바른 것인지도 모른 채 세상을 떠나고 만 것입니다. 다시 한 번 새로운 아이디가 받아들여지는 것이 얼마나 힘든 일인지 되돌아보게 됩니다.

현재 지구 대륙의 모습은 한 개의 225만 년 전 한 개의 대륙이었던 '판게아'로부터 시작되었습니다.

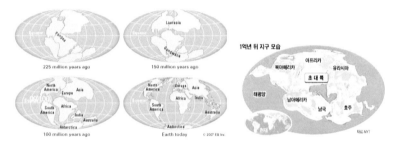

판게아로부터 지금의 현재 모습으로 이동한 대륙[99]   1억 년 뒤 대륙의 모습[100]

판게아는 오랜 시간에 걸쳐 서로 분리되면서 지금의 모습을 갖추게 되었습니다. 다양한 생명은 판게아의 분리 과정에서 서로 다른 환경을 만나게 되고 환경에 적응해 가는 방식에 따라 같은 종이라고 할지라도 다양한 모양의 형태로 진화되어 갑니다. 학자들에 의하면 대략 1억 년이 지나면 지구가 또다시 한 개의 대륙으로 만나게 될 수도 있다고 합니다.

---

99) http://mblogthumb2.phinf.naver.net/20140405_17/2bfair_1396697648353BGbUS_GIF/101699-004-066A8D00.gif?type=w2

100) http://kasc.webmir.co.kr/upload/editor/201211/2012110790.jpg

동물의 시작

최초의 동물 트리코플랙스

바다에서 발달한 세포들은 서로 결합을 시도합니다. 식물과는 반대로 광합성을 하는 엽록체가 없는 동물 세포들은 주어진 환경에 적응하며 보다 복잡한 구조를 만들어 가며 진화하기 시작합니다. 생명은 변화하는 환경 때문에 주로 단순한 구조에서 복잡한 구조로 진화해 갑니다. 먹이 활동이나 천적을 피해 가며 원래 가지고 있는 조직을 더 복잡하게 변화시켜야 살아남을 수 있기 때문입니다.

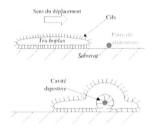

트리코플랙스 먹이활동과 현미경 사진

최초의 동물에 대한 의견은 매우 다양하지만 해면동물의 특징을 갖고 있는 트리코플랙스(trichoplax)라고 보는 것이 일반적인 의견입니다. 트리코플랙스는 바닥을 기어 다니며 먹이를 감싸 안고 그것을 체내에서 소화시키며 발달했습니다.

최근 최초의 동물이 트리코플랙스와 같은 해면동물이 아니라 빗해파리라는 주장이 연구를 통해 등장해 많은 사람들을 놀라게 했습니다. 아래 기사는《사이언스타임즈》에 실린 기사 내용입니다.

 " 지구 최초의 생명은 해면 아닌 빗해파리"

지구상에 처음 나타난 동물은 지금까지 알려진 것처럼 해면동물이 아니라 훨씬 더 복잡한 체계를 갖춘 빗해파리라는 사실이 밝혀져 학계에 충격을 던져주고 있다고 라이브 사이언스 닷컴이 보도했다.

미국 브라운대학의 케이시 던 교수가 이끄는 국제 연구진은 동물계 진화 과정을 보여 주는 생명의 나무 기원을 밝혀내기 위해 방대한 양의 동물 유전자 자료를 분석한 끝에 놀랍게도 나무의 출발점에서 처음 갈라진 것은 해면동물이 아니라 빗해파리라는 결론을 얻었다고 10일자 네이처지에 발표했다.

29종의 관련 동물들로부터 채취한 새로운 DNA 염기 4천 만 쌍을 분석한 사상 최대 규모의 계통발생학 연구 결과가 너무나도 충격적이어서 던 교수는 처음엔 "무언가 크게 잘못된 것으로 생각했다고 밝혔다.

그러나 연구진이 거듭 재확인했음에도 불구하고 결과는 매번 똑같이 빗해파리가 처음 등장한 동물임을 가리켰다는 것이다. 지금까지 지구 최초의 동물로 알려진 단세포 군집체 해면과 달리 빗해파리는 연결 조직과 신경계를 갖고 있어 훨씬 더 복잡하다. 이들은 흐늘흐늘한 몸에 촉수가 달려 있긴 하지만 해파리 특유의 종 모양 몸체와 가시 세포를 갖고 있지 않기 때문에 진짜 해파리라고 할 수는 없다.

연구진은 빗해파리가 지구 최초의 동물이었을 것으로 추정되는 이유를 두 가지 진화 이론으로 설명했다. 하나는 빗해파리가 다른 동물들과는 무관하게 독자적으로 조직을 '발명'했다는 것이며 두 번째는 해면이 보다 복잡한 형태로부터 더 단순한 쪽으로 진화했다는 것인데 두 번째 가능성은 "진화가 반드시 더 복잡한 쪽으로만 진행되지는 않는다."는 사실과 일치하는 것이라고 던 교수는 지적했다.

그는 "이런 가설이 다른 종류의 증거들로 뒷받침된다면 최초의 다세포 동물에 관한 우리의 사고 방식을 바꿀 수 있을 것"이라고 말했다. 그는 그러나 "불행히도 우리는 최초의 빗해파리 화석을 갖고 있지 않으며 따라서 빗해파리의 등장이 해면보다 먼저라는 점은 밝힐 수 있었지만 그 시기가 언제인지는 알 수 없었다."고 말했다.

빗해파리는 오늘날 바다에 매우 흔한 동물이지만 이들은 초기 조상들과는 매우 다른 형태를 갖고 있을 가능성이 큰 것으로 보인다. 연구진은 오늘날의 빗해파리들이 어느 갈래에 속하는지 등 생명의 나무에서 빠진 부분들을 언젠가는 채울 수 있을 것으로 기대하고 있다.

- 2008년 4월 11일, Sciencetimes

어류의 시작

해면동물이 살아가는 물속 환경은 육지보다는 안전합니다. 유해 가스와 강력한 자외선으로부터 몸을 보호할 수 있기 때문입니다. 그리고 바다에서는 지구 내부로부터 전해 오는 지속적인 열에너지가 전달되기도 했습니다. 이런 환경에서 바닷속의 해면동물이 진화할 수 있는 조건이 만들어졌습니다.

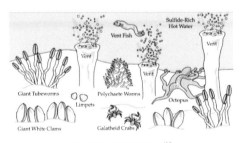

열수분출구 주변의 생명들[101]

하지만 물속이라고 해서 마냥 안전하지는 않았습니다. 먹고 먹히는 먹이 사슬 때문입니다. 포식자들은 더 많이 먹어야 했고 피식자들은 잡아먹히지 않기 위해 노력해야 했습니다. 먹이 사슬에서 살아남기 위해서 동물들은 감각기관을 더욱 예민하게 진화시켜야 했습니다. 보다 더 잘 보이고 들리게, 보다 더 빠르고 강해져야 했습니다.

아주 많은 동물들이 원시 바다에서 살아갔는데 그중 인간과 직접적으로 연결되는 척추 즉, 등뼈 구조가 있는 어류에 대해 알아보도록 합시다. 우리 몸을 지탱하고 있는 뼈와 호흡 방식이 인간과 어류의 연결점입

---

101) http://my.triand.com/njsimg/production/passage/0000/3994/temp_png_document/
HYDROTHERMAL_png-fullscreen.png?1308502746

니다. 최초의 물고기는 중국에서 발견된 화석에서 찾을 수 있는데 턱과 뼈가 보이지 않는 형태를 보입니다.

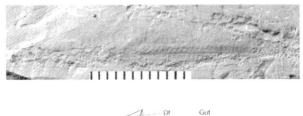

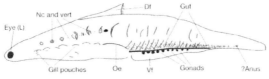

중국에서 발견된 최초의 어류화석[102]

뼈가 없는 어류는 먹이 사슬에서 매우 불리했습니다. 다양한 먹이를 빨리 먹기 위해서는 강력한 턱과 이, 그리고 거친 물살을 헤엄쳐 도망하거나 사냥하기 위해서는 튼튼한 뼈가 필요했습니다. 그래서 물고기는 턱과 뼈를 발전시켜 나갑니다.

턱과 뼈의 진화와 함께 물속을 헤엄쳐 나가는 지느러미의 변화도 눈여겨보아야 합니다. 물속에서 필요한 지느러미는 깊은 바다에서 아주 요긴하게 쓰입니다. 하지만 먹이 경쟁이 치열해지고 물 밖의 환경도 생활하기에 그리 나쁘지 않자 어류는 땅으로 올라오는 시간이 빈번해 졌습니다. 땅 위로 조금씩 더 멀리 올라오기 위해서는 지느러미가 더 튼튼해 져야 했습니다. 그러므로 지느러미는 발의 형태로 진화하게 됩니다.

---

102) http://www.korearth.net/lecture/gen_geo/earth_present/ch05/fig5-1-11.jpg

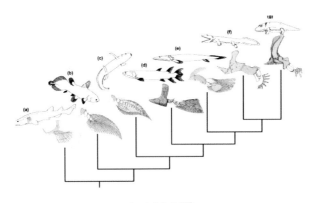

지느러미의 진화[103]

땅으로 올라온 물고기: 양서류

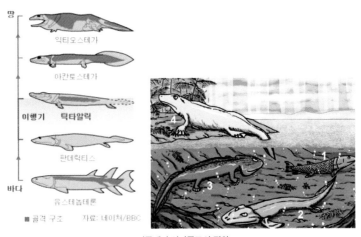

어류에서 양서류로의 진화

---

103) http://www.100books.kr/data/cheditor4/1105/x3wnCX5HC.gif

바다 환경은 그리 평화롭지만은 않았습니다. 부쩍 늘어난 많은 종류의 물고기들이 서로 먹고 먹히며 치열한 생존 경쟁을 이어나갔기 때문입니다. 얕은 물가에 살던 어류들은 물 밖으로 자주 나와 천천히 적응해 갔습니다. 호흡기관은 물속에서 호흡이 쉬운 아가미에서 물 밖에서 호흡할 수 있는 허파(폐)로 변해 갔습니다. 물가 기슭을 자주 오르내리던 끝에 지느러미도 흙을 움켜잡을 수 있는 발가락으로 변해갔습니다. 가끔씩 날아다니는 곤충들을 먹어보니 물속에서 먹던 것과는 전혀 새로운 맛이었고 물속에서 하루 종일 헤엄쳐서 찾을 수 있는 것보다 더 많았습니다. 때로는 가만히 앉아 있기만 해도 먹이들이 근처로 찾아오기까지 했습니다.

　　점차 물 밖에 있는 시간이 많아졌습니다. 하지만 여전히 햇살이 강해 너무 멀리는 가지 못했습니다. 피부가 따끔거리면 다시 물속으로 들어가야 했습니다. 피부가 마르면 엄청나게 아팠기 때문입니다. 알을 낳을 때도 알이 햇빛에 마르면 큰일이기 때문에 물가에 낳았습니다. 암컷이 알을 놓으면 수컷이 수정을 위해 분비물을 내어 놓는 방식도 물고기 시절과 크게 다르지 않았습니다. 알에서 깨어난 어린 생명들은 물속에서 생활을 했습니다. 즉, 아가미로 호흡하고 지느러미로 헤엄쳐야 했던 것이죠.

　　물고기가 어떤 이유에서 물 밖으로 나오게 되었는지에 대해 명확히 알 길은 없지만, 위와 같은 까닭으로 물 밖에 적응하게 되었습니다. 네 발을 가진 최초의 동물이 드디어 땅위로 올라온 것이 놀랍지 않나요? 우리 인류가 이렇게 생존하게 된 것도 양서류(兩棲類: 양쪽에서 살 수 있는)의 대담한 도전이 있었기 때문입니다. 지금 현재도 아주 많은 종의 양서류가 살아가고 있습니다. 물과 육지 양쪽에서 모두다 생활할 수 있기에 붙여진 이름입니다. 양서류는 많은 알을 낳고 어류와 같은 모습의 올챙이 시절을 갖습니다. 차츰 몸의 구조가 바뀌면서 지느러미가 다리로 변하고 꼬리가 사라집니다. 양서류의 대표적인 개구리를 보면 어떻게 어류가 어떻게 진화되어 양서류가 되었는지 잘 이해할 수 있습니다.

2억 8000만 년 전 양서류 화석[104]

 ### 양서류의 대표인 개구리의 한살이

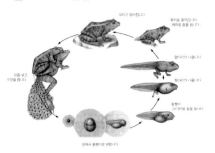

개구리의 한살이 과정을 자세히 살펴보면 물고기에서 진화한 양서류의 흔적을 쉽게 찾아 볼 수 있습니다. 물웅덩이에 알을 놓고 수정하는 방식은 물고기와 같습니다. 알에서 깨어난 올챙이는 아가미로 호흡하고 지느러미로 이동하는 물고기입니다. 하지만 점차 다리가 생겨나면서 지느러미는 없어지고 성체가 되면 허파와 피부로 호흡합니다. 물론 개구리보다 피부가 더 두꺼운 두꺼비는 개구리보다 물에서 좀 더 멀리서도 생활할 수 있습니다. 물에서 멀리 떨어진다는 것은 아주 중요한 진화의 또 다른 열쇠가 됩니다.

---

104) http://ncc.phinf.naver.net/ncc02/2012/3/29/252/7.jpg, 국립과천과학관.

양서류, 물을 떠나 파충류가 되다

파충류의 모습과 화석[105]

갈라파고스 바다 이구아나[106]

땅으로 올라온 양서류는 더 큰 도전을 시작합니다. 뜨거운 햇살에 적응하며 피부는 점차 두꺼워졌습니다. 피부가 두꺼워졌다는 것은 더 이상 피부로 호흡하지 않는다는 것을 말합니다. 그러므로 이제 오로지 폐로만 호흡하는 것이지요.

물과 멀어졌으니 당연히 알도 양서류일 때처럼 물에 놓지 않아도 되며 물에 놓을 수도 없게 되었습니다. 그래서 알은 수분이 증발하지 않고 또 뜨거운 햇빛에도 잘 견딜 수 있도록 두꺼운 껍질에 싸여 있게 되었습니다. 물이 없어도 안전하게 부화할 수 있게 된 것입니다. 날카로운 발톱과 이빨은 주변의 거의 모든 것들을 먹을 수 있게 했습니다. 먹을 것이 많아지면서 몸도 점점 커져가는 종들도 생기게 되었습니다. 때로는 불편한 다리 대신에 긴 몸으로 진화하여 빠르게 이동하고 나무도 자유롭게 올라갈 수 있는 뱀의 형태로도 진화했습니다.

---

105) http://www.aistudy.co.kr/physiology/brain/images/brain_jastrow_img4.gif

106) http://www.podotour.com/editor/img.jsp?u=contents/201209/20120924_161915_370.jpg

그리고 다시 바다로 돌아간 파충(爬蟲)류도 있었습니다. 바다로 돌아
간 종들은 양서류 때와는 다르게 천적이 거의 없었습니다. 지느러미의
힘은 더욱 강력해졌고, 몸통은 두꺼운 갑옷으로 둘러져 있기 때문입니
다. 이것은 바로 거북이로, 거북이는 파충류입니다.

바다거북   육지거북

육지의 삶은 불편한 점이 많았습니다. 양서류들은 점점 더 늘어났지
만 파충류로의 진화는 더디기만 했습니다. 그런데 갑자기 엄청난 일이
생깁니다. 지구 환경의 변화로 대멸종의 시기가 찾아온 것입니다.

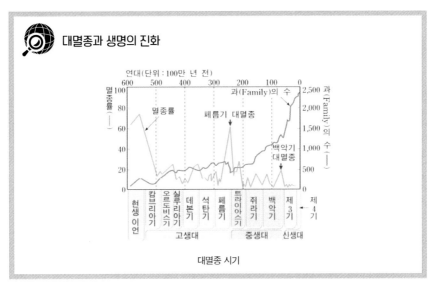

〈그림출처〉: http://study.zum.com/book/13736

생명의 역사에서 지구상의 거의 모든 종이 사라지는 대멸종의 시기는 몇 번 있었다고 합니다. 대멸종이 일어나는 원인은 크게 네 가지로 생각할 수 있습니다.

첫째, 화산 폭발입니다. 화산에서 뿜어져 나오는 화산재, 화산 가스, 용암 등에 의해 짧은 시간에 지구 환경이 바뀌게 됩니다.
화산재가 햇빛을 가려 광합성을 방해하여 식물이 자라지 못하게 되고 그로 인해 동물이 사라지게 됩니다. 또한 화산으로 인한 지각변동, 화산가스로 인해 생긴 다양한 유해 물질이 산성비의 형태로 내려 먹이 사슬을 파괴합니다.
둘째, 운석 충돌입니다. 거대한 운석의 충돌로 인해 생명 자체가 살아갈 수 없는 환경이 되어 버립니다.
셋째, 지구 가까이에 있는 별의 폭발입니다. 신성, 초신성의 폭발로 인한 지구 대기 환경의 변화로 해로운 방사선들이 유입되고 오존층이 파괴되어 멸종하게 되는 것입니다.
넷째, 지각을 이루고 있는 판의 변화입니다. 대륙이 이동하면서 환경 변화가 만들어지는 것입니다.

이러한 대멸종의 시기가 끝나면 지구를 지배했던 다수의 종들은 사라지고 새로운 종들이 급격히 늘어나게 됩니다. 그래프를 보면 페름기 대멸종으로 파충류가 급격히 증가되고 백악기 대멸종으로 포유류가 증가하게 됩니다.

공룡의 시대

지구 환경의 변화로 대부분의 종이 사라지자 이제 완전히 파충류의 시대가 됩니다. 이 시대의 파충류는 특별히 '공룡'이라고 부릅니다. 공룡은 아주 다양한 종들이 번성하게 되어 지구 제1의 지배자가 됩니다.

다양한 공룡들　　　　　　공룡 화석

공룡 이야기는 대부분의 사람들이 너무나 잘 알고 있고 발견되는 화석 또한 아주 많습니다. 공룡은 덩치가 아주 큰 것부터 아주 작은 것까지 다양했다고 합니다. 공룡은 물에서부터 하늘까지 생활 영역도 아주 다양했으며, 당시 지구 환경은 그들이 살아가기에 아주 알맞은 곳이었습니다. 사람들이 이미 공룡에 대해 많이 알기 때문에 이 책에서는 공룡을 자세히 다루지는 않을 것입니다. 우리의 관심은 공룡의 멸종 뒤 지구의 주인으로 새롭게 자리하게 된 포유류입니다. 공룡의 번성이 최대치에 이를 때 운석의 충돌로 또 한 번의 멸종 시기가 닥쳐옵니다.

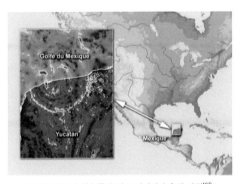

유카탄 반도의 칙술룹 운석 크리에이터 흔적 사진[107]

공룡 멸종에 대한 다양한 이론이 있지만 많은 사람들이 일반적으로 이해하고 알고 있는 운석 충돌의 입장을 다루도록 하겠습니다. 운석 충돌에 의한 공룡 멸종 증거는 멕시코의 유카탄 반도에 칙술룹 크리에이터에서 발견할 수 있습니다.

운석 충돌은 엄청난 충격을 주었습니다. 충돌 충격뿐만 아니라 그로

---

107) http://eatvolution.files.wordpress.com/2012/02/conglomerated-chicxulub-crater.jpg

인해 발생한 민지 때문에 식물들은 광합성에 어려움을 겪었습니다. 때문에 초식공룡이 멸종했고, 이는 육식공룡의 생태계를 파괴시켰습니다. 지구는 상상할 수 없을 정도로 변화되었고 대부분의 생명체가 사라졌습니다. 하지만 인간의 입장에서 볼 때, 이 운석 충돌은 아주 큰 행운이라고 할 수 있습니다. 아마도 공룡이 멸종하지 않았다면 지금도 여전히 지구는 공룡이 지배하고 있었을 것이며 인간은 진화되지 않았을 수도 있습니다.

 새의 진화

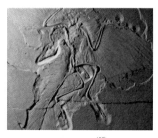

시조새 화석[108]

상상도[109]

최근 시조새가 새의 조상의 아닐 수 있다는 주장이 나오고 있습니다. 새가 어떻게 진화했는가에 대해서는 대부분 공룡에서 진화되었다고 봅니다. 그 증거로는 발에 있는 두꺼운 비늘과 날카로운 발톱입니다. 그리고 두꺼운 껍질로 둘러싸인 알을 보면 기본적인 연관성을 추론할 수 있습니다. 물론 새로운 화석의 발견이나 증거들이 나온다면 언제든지 바뀔 수 있는 것이 바로 생명의 진화입니다.

---

108) http://www.oucom.ohiou.edu/dbms-witmer/collections/images/archaeopteryx_DSC_8270. JPG

109) http://blueweb75.cafe24.com/xe/files/attach/images/140/856/001/23d192685c62553abacfc 7cc0b9115d0.jpg

포유류, 지구의 새로운 주인이 되다

공룡이 멸종하기 전 공룡들의 틈바구니에서 힘겹게 삶을 이어 나갔던 새로운 종이 있었습니다. 바로 포유류(哺乳類)입니다. 초기의 포유류는 몸집이 작고 공룡이 생활하지 않는 어두운 밤에 주로 활동했습니다. 지금의 쥐와 비슷한 모양이었다고 합니다. 그들은 공룡이 잠든 사이에 살금살금 내려와 먹이 활동을 했고, 낮에는 높은 나무 위나 흙 속에 숨어 지냈습니다.

발견된 화석[110]　　　　　화석바탕으로 그려진 모습[111]

중국에서 발굴된 지구 최초의 포유류 화석으로 추정되는 3종 가운데 하나인 '샨셔우 송개(Xianshou songae)'를 화석을 토대로 재구성한 사진. 미국자연사박물관이 10일(현지시간) 공개했다. 쥐 크기에 다람쥐 모양의 이 동물은 나무 위에서 서식하기 적합하게 가냘픈 몸체에 긴 꼬리와 손가락을 지니고 있다. 이 포유동물은 트라이아스기(2억 3500만 년 전-2억 100만 년 전) 말기인 2억 800만 년 전에 서식한 것으로 추정되고 있다.

- 2014년 9월 11일, 뉴스1

---

110) http://3.bp.blogspot.com/-KdWgD_iu_GA/VBEOQiBP3PI/AAAAAAAAAiwQ/XRr29HVJTms/s1600/Shenshou_lui-Xianshou_linglong-Xianshou_songae-nature13718-f1.jpg

111) http://news1.kr/articles/?1851811

포유류는 양서류, 파충류와는 아주 다른 방식으로 진화했습니다. 알을 낳지 않고 새끼를 낳았다는 것이 가장 큰 특징입니다. 알은 부화하기까지 많은 위험이 도사리고 있어 생존하기 위해 많이 그리고 자주 낳아야 합니다. 알은 깨지기도 하고 다른 동물들이 훔쳐 먹기도 하기 때문입니다.

포유류는 알 대신 자기 몸속에서 새끼를 길러, 새끼가 거의 완전한 형태로 몸 밖으로 나오도록 했습니다. 즉 환경으로부터 종족을 보존하는 새로운 방식으로 진화한 것이죠. 어린 시절에는 어미가 먹는 먹이 대신 어미가 먹이를 섭취하고 난 후 만들어지는 젖을 통해 영양분을 흡수하여 에너지 효율성과 먹이 부족 문제를 해결했습니다. 그렇다고 포유류의 방식이 양서류와 파충류의 종족 번식 방식보다 더 좋다는 것은 아닙니다. 다만 또 다른 방식으로 진화했다는 것입니다. 여전히 양서류와 파충류는 자기만의 방식으로 삶을 유지하고 있기 때문입니다.

포유류 또한 각각 주어진 환경에 적응하며 다양한 형태로 진화했습니다. 그리고 같은 종들이 조금씩 다른 길을 가기도 했습니다. 특히 눈여겨보아야 할 종은 영장류입니다. 영장류는 인간과 유전적으로 가장 유사한 형태를 보이기 때문입니다.

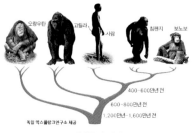

영장류의 진화

영장류는 네 개의 다리 중에서 두 개의 다리(앞발)를 이동하는 데뿐만 아니라 도구를 사용하거나 나뭇가지를 움켜쥐는 데도 사용합니다. 아주 중요한 역할을 하는 뇌의 크기도 다른 포유류와 비교했을 때 큰 편입니다. 특별히 무엇인가를 생각하고 판단하였다고 보기보다는 선택과 집중 그리고 학습[112]기능이 생겼다고 할 수 있습니다. 또한 다른 포유들의 눈은 얼굴의 양옆에 있어 단편적인 정보를 받아들인 빈면 유인원들의 눈은 정면에 있어 거리, 모양, 크기 등을 입체적으로 판단할 수 있었습니다.

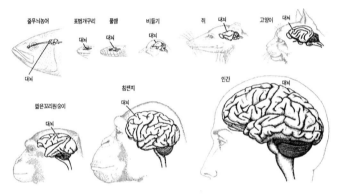

동물의 뇌 크기 비교[113]

뇌의 발달은 손을 다양한 방식으로 사용할 수 있게 했습니다. 인간과 같은 다섯 개의 손가락을 갖게 된 유인원들은 손을 더욱 활발히 사용했으며, 이것은 다시 뇌의 발달로 이어졌습니다.

---

112) 학습은 본능적으로 타고난 능력 대신 후천적으로 습득된 다양한 기능을 다음 세대에 전달하는 것입니다.

113) http://dlibrary.dongascience.com/uploads/article/Contents/199103/S199103N035_img_01.jpg

손으로 할 수 있는 일들은 너무나 많았습니다. 두발로 서서 나무를 움켜잡을 수도 있고 새끼를 들어 올리거나 업고서 다른 활동을 할 수 있습니다. 때로는 손으로 돌멩이를 들어 던지거나 막대기를 잡아 휘두를 수도 있었고 열매를 따면서 주변을 돌아볼 수 있습니다. 또한 음식을 먹으면서 다른 일도 할 수 있습니다. 이른바 '멀티태스킹(multi-tasking)'이 가능했던 것입니다.

대부분의 유인원들은 주로 나무에서 생활했습니다. 나무에서 생활하는 가장 큰 이점은 바로 안전입니다. 땅에서는 예측할 수 없는 상황이 자주 발생했습니다. 느닷없

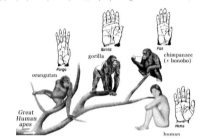

영장류의 손가락 비교

이 나타난 뱀이 물기도 하고 곤충은 시시때때로 달려들어 귀찮게 했으며 맹수들은 기회를 놓치지 않으려 호시탐탐 노리고 있었습니다. 하지만 나무 위는 (편안히 누워 지내기에는 불편했지만) 열매가 달려 있고 잎이 있으면 시원한 그늘과 바람이 있었습니다. 때로는 멀리까지 내다볼 수 있어 주변 환경의 변화를 미리 알 수 있었고, 무엇보다 맹수들이 나무 위로 올라오는 경우는 매우 드물어 안전했습니다.

발달된 손과 발을 이용하여 이 나무, 저 나무를 타며 이동하면 땅을 통해 이동하는 것보다 훨씬 간편하였습니다. 그러나 나무 위에서만 지내기에는 뇌가 점점 더 발달했고 나무 위에서 편안히 지낼 수 없는 환경이 다시 찾아왔습니다.

나무에서 내려온 원숭이

당시에 아프리카의 기후 변화는 매우 빠른 속도로 진행되었습니다. 빙하기가 찾아왔고, 가뭄은 계속되었으며 때로는 엄청난 비가 쏟아지기도 했습니다. 기후가 자주 바뀌자 나무 위에서의 생활은 점점 더 어려워졌습니다. 그래서 이전보다 나무 아래로 내려오는 시간이 점점 길어졌습니다. 나무에서 자주 내려오던 유인원들은 이제는 나무 위로 올라가지 않기로 합니다.

나무에서 내려온 원숭이는 이제 서 있는 시간이 점점 많아졌습니다. 왜 나무에서 내려와 걷기 시작했는가에 대한 다양한 이론이 있습니다. 하지만 정확히 알 길은 없습니다. 서 있으면 좋은 점은 멀리 볼 수 있다는 것, 에너지 소비가 적다는 것, 햇빛을 덜 받게 되었다는 것, 도구를 만들 손이 있다는 것 등이 있지만 정확히 판단하기는 어렵습니다. 어쨌든 나무에서 내려온 원숭이는 인간이 되어갑니다.

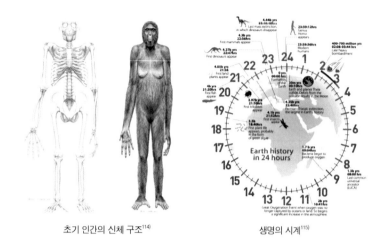

초기 인간의 신체 구조[114]　　　　생명의 시계[115]

　　지금으로부터 대략 500만 년 전의 일입니다. 46억 년 지구 역사에서
500만 년을 24시간으로 계산했을 때, 대략 11시 58에서 59분 사이의 시
간입니다. 이 짧은 시각에 태어난 인간은 현재 지구의 가장 강력한 지배
자입니다. 이제 원숭이가 아니라 인간이라고 부르는 것이 더 자연스럽습
니다. 네 발로 걷는 대신 두 발로 걷는 직립보행(直立步行)이라는 것을 시
작합니다.

---

114) http://db.kookje.co.kr/news2000/photo/2010/0529/L20100529.22006202037i1.jpg

115) http://www.bookedwebcast.com/images/Geological-Clock.gif

우리가 꼭 알아야 할
두 가지
과학 이야기

인간의 시작: 오스트랄로피테쿠스

아프리카는 한때 아주 살기 좋은 곳이었습니다. 동아프리카 지구대(리프트밸리)를 중심을 형성된 초원과 구릉은 많은 생명이 살기에 아주 좋은 조건이었습니다. 이곳은 초기 인류 화석이 많이 발견되는 지역이기도 합니다. 동서로 나누어지는 지각변동에 의해 단층이 형성되고 그 단층 속에 화석이 잘 보존되었기 때문입니다.

이곳에서 발견된 초기 인류 화석이 바로 우리가 잘 알고 있는 '오스트랄로피테쿠스'입니다. 최초로 발견한 사람은 미국의 도널드 요한슨 박사인데 그는 당시 영국의 유명한 가수 비틀즈의 'Lucy in the sky with diamonds'라는 노래를 즐겨 들어서 자신이 발견한 화석의 이름을 '루시'라고 정했다고 합니다.

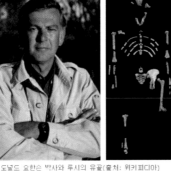
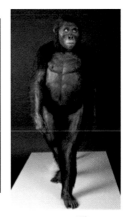

도널드 요한슨 박사와 루시의 유골(출처: 위키피디아)

요한슨 박사와 루시 화석

루시 모형[116]

---

116) http://www.richardprins.com/wp-content/uploads/2013/09/Image6-646x1024.jpg

최초의 인류와 유인원을 해부학적으로 비교해 보면 차이를 발견할 수 있습니다. 먼저 인간은 척추 뼈가 곧게 펼쳐져 있지만 유인원은 활처럼 굽어 있습니다. 이는 두 발로 서서 걸어 다녔던 인간과 네 발을 이용했던 유인원의 차이에서 발생한 것이라 볼 수 있습니다. 인간은 유인원보다 좀 더 큰 용량의 뇌를 가지고 있다는 것을 두개골 모양을 통해 알 수 있고 팔의 길이는 점점 짧아지고 다리의 길이는 조금씩 늘어났다는 것도 알 수 있습니다. 또한 눈의 방향이 바닥에서 앞쪽으로 이동하고 있다는 것도 두드러진 차이라고 할 수 있습니다.

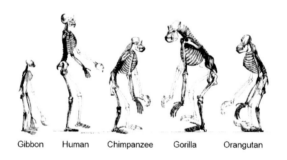

Gibbon   Human   Chimpanzee   Gorilla   Orangutan

동아프리카 지구대에서 출발한 오스트랄로피테쿠스는 남쪽의 원숭이라는 뜻으로 지금의 인간과는 큰 차이를 보이지만 현생 인류의 출발이라고 봅니다. 그리고 아주 다양한 이름의 오스트랄로피테쿠스가 존재합니다. 대표적인 이름은 앞에서 이야기한 '루시'로, 약 390만 년 전의 오스트랄로피테쿠스 아파렌시스(Australopithecus Afarensis)입니다.

호모(Homo)의 시작

동아프리카 지구대의 환경도 점차 변화하게 되어 인류의 시작 또한 위기를 맞게 됩니다. 자연 환경과 기후 변화는 삶의 터전을 바꾸고 결국 또 다른 진화의 선택을 요구합니다. 결국 더 이상 아프리카에서 머물 수 없게 되었고 인류는 대륙의 여러 지역으로 이동하게 됩니다.

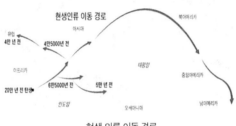

현생 인류 이동 경로

인류의 시작에 대한 학설에는 크게 두 가지가 있습니다. 다양한 지역에서 동시에 출발하였다는 다지역 기원설과 아프리카를 중심으로 한곳에서 시작되었다는 단일지역 기원설이 있습니다. 지금 대부분은 아프리카를 시작으로 인류가 이동하였다는 단일지역 기원설을 더욱 신뢰하고 있습니다. 왜냐하면 여성에게만 유전되는 미토콘드리아의 유전자가 최초의 아프리카에서 시작되었다는 유전적 증거가 있기 때문입니다.

호모 하빌리스

　이동을 시작한 인류는 인간 종으로 분류되는 호모(Homo) 종으로의 진화를 시작합니다. 그 출발은 약 233만 년에서 140만 년 전의 '도구를 만든 인간'이란 뜻을 가진 호모 하빌리스(Homo Habilis)입니다. 호모 하빌리스는 오스트랄로피테쿠스에 비해 뇌의 용량이 좀 더 커졌으며 더욱 세련된 도구인 뗀석기를 만들 수 있었습니다.

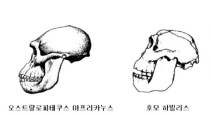

오스트랄로피테쿠스 아프리카누스　　　호모 하빌리스

　역사적으로 초기 구석기 시대 사람들이라고 할 수 있습니다. 이들의 화석은 아프리카지역 외에는 아직 발견되지 않아 여전히 아프리카에 머물러 있었다고 판단됩니다.

호모 에렉투스

　호모에렉투스(Homo erectus)는 '똑바로 선 사람'이란 뜻으로 170만 년에서 70만 년 사이의 사람입니다. 그들은 아주 정교한 돌 도구를 사용해 거대한 동물을 사냥했으며, 불을 이용해 음식을 익혀 먹었습니다. 불의 사용은 주어진 환경에 적응만 하던 시대를 지나 스스로 환경을 개척했다는 것을 의미합니다. 어두운 동굴이나 밤에도 생활을 이어갈 수 있었으며, 추위를 피하고 맹수들의 공격에도 대처할 수 있었습니다. 불에 음식을 익혀 먹음으로써 소화하는 데도 도움이 되었습니다. 불의 발견에 대한 이야기를 간단하고 단순하게 정리하면 다음과 같습니다.

번개나 바람으로 인한 나무의 마찰로 인해 불이 일어나고 불에 타고 남은 고기를 먹어 보니 날것으로 먹던 고기와는 차원이 달랐습니다. 그리고 불 근처는 밝은 데다가 따뜻하기까지 했습니다. 그래서 이들은 불을 이용하여 음식을 익히고 몸을 따뜻하게 했습니다. 환경을 극복하기 시작한 이들은 아프리카를 떠나 다른 지역으로 이동했습니다. 호모 에렉투스의 화석은 아프리카 이외의 다양한 지역에서 발견되는데 대표적인 화석이 중국에서 발견되었습니다. '북경 원인' 또는 '베이징 원인'이라고 불립니다. 또한 동남아시아 자바섬에서도 화석이 발견되는데, 이 화석을 '자바 원인'이라고 부릅니다.

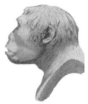

호모에렉투스의 생활과 화석[117]

그들은 고기를 많이 섭취하여 뇌 용량도 호모하빌리스보다 더 커졌고

---

117) http://cfile227.uf.daum.net/image/131957124BA3202D5816DD

짐승의 털을 이용해 옷도 만들이 입었습니다. 주목할 점은 지금 처럼 세련된 언어는 아니더라도 간단한 음성으로 의사소통할 수 있었습니다. 의사소통은 사냥을 할 때 좀 더 조직적으로 사냥할 수 있었고 학습 기능의 강화로 더욱 강력한 도구를 사용할 수 있었습니다.

오스트랄로피테쿠스　호모하빌리스　호모에렉투스

호모에렉투스의 협력사냥

네안데르탈인과 호모사피엔스

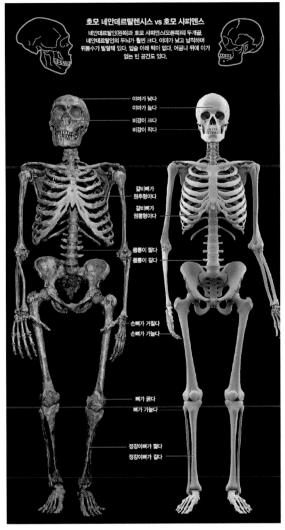

<그림18>[118]

---

118) http://science.dongascience.com/Contents/201102/%EB%84%A417.jpg

호모에렉투스가 여러 지역에서 발견되면서 인류의 피부색에는 차이가 생겼습니다. 호모에렉투스 이후의 인류 진화는 아주 복잡한 과정을 거쳤고, 학자들은 다양한 견해를 내놨습니다.

독일의 네안데르탈 지역에서 발견된 화석은 최근 유전자 분석 결과 약 20만 년부터 2만 8천년 사이의 추운 유럽 지역에서 발견된 네안데르탈인(Neanderthal man)입니다. 이들의 뇌 용량은 현재의 사람과 비슷했으며 더욱 발달된 언어를 사용했고 돌과 나무를 이용하여 더욱 정교한 도구를 만들었습니다. 이들과 함께 '지혜(슬기)로운 인간'이라고 불리는 호모 사피엔스(Homo sapiens, 크로마뇽인), 즉 인류의 직계 조상이 출현합니다.

네안데르탈인과 호모사피엔스가 살았던 시대는 서로 겹치는 부분이 있습니다. 이 시기에 두 종은 서로 경쟁했을 것으로 추측됩니다. 결국 경쟁에서 패하게 된 네안데르탈인은 약 3만 년 전 멸종합니다.

네안데르탈인과 호모사피엔스를 비교해 보면 몇 가지 차이점을 발견할 수 있습니다. 몸집은 크로마뇽인들이 호모사피엔스보다 좀 더 컸다고 합니다. 사냥은 호모사피엔스처럼 던지거나 쏘는 도구 대신 주로 찌르는 도구를 사용했다고 합니다. 그리고 사냥한 고기를 먹기도 했지만 동물의 죽은 시체를 먹기도 했다고 합니다. 이 과정에서 세균이나 바이러스에 감염이 되었을 가능성도 있습니다.

화석이 주로 동굴에서 발견됐기 때문에 동굴에서 집단생활을 했다고 추측됩니다. 물론 불도 아주 잘 다루었고 어느 정도의 사냥 기술이나 옷을 만든 법에 대한 학습도 이루어졌을 것입니다. 화석 연구에 의하면 호모사피엔스가 사용하는 언어보다는 정교하지 못했지만 다양한 언어를 구사한 것은 분명하다고 합니다.

그들도 그들 나름대로의 주어진 환경에 적응하고 극복하며 최선의 삶을 살았습니다. 하지만 지금은 이 세상에 존재하지 않습니다. 다만 유전자 연구에 의하면 인간에게 네안데르탈인의 유전자가 있다고 합니다. 그것은 경쟁하는 동시에 서로 어울리기도 했다는 것을 나타낸다고 볼 수 있습니다.

네안데르탈인과 크로마뇽인 비교

네안데르탈인		크로마뇽인
약 20만년 전 등장~3만년 전 멸종	시기	약 5만년 전~1만5000년 전 까지 계속
키가 작고 다부진 체격. 이마가 낮고 콧구멍이 상당히 크며 뒤쪽으로 가파르게 기울어지는 광대뼈	외모	키가 크고 호리호리함. 두상이 둥글고 이마가 높음
가공하지 않은 두꺼운 털옷을 몸에 걸치고 가죽끈으로 묶음. 맨발	의상	몸에 잘 맞는 털 파카와 긴 바지. 방수가 되는 부츠. 장신구로 몸을 치장
나무로 만든 묵직한 창과 나무 몽둥이	무기	가벼운 돌살촉을 장착한 창
소수의 가족 단위로 움직이며 수렵·채집	생활	무리 지어 생활하며 큰 규모의 수렵과 채집
말로 정확하게 의사를 전달하는 능력 부족. 지적 능력에 한계	특징	잘 발달된 뇌와 언어·인지 능력 소유. 상징적 기호에 능숙. 예술성 풍부

비교표 　　　　크로마뇽인　　　　네안데르탈인[119]

〈비교표 출처〉: http://books.chosun.com/site/data/html_dir/2012/05/26/2012052600239.html

크로마뇽인은(Cro-Magnon) 프랑스 남서쪽의 동굴에서 발견된 호모사피엔스사피엔스입니다. 인류의 직접 조상이 바로 크로마뇽인입니다.

호모사피엔스사피엔스

슬기가 하나 더해진 호모사피엔스사피엔스(Homo sapiens sapiens)입니다. 이제 '우리', '나'라고 말한다고 해도 크게 틀리지 않습니다. 생명의 긴

---

119) http://image2.gamechosun.co.kr/wlwl_upload/dataroom/webzin/2015/05/13/638048_1431474195.
jpg

어징이 마무리되어 집니다. 이들은 인류의 출발점인 석기 문화를 이끌었던 사람들입니다. 나무에서 내려온 500만 년 전의 시간이 이제 1만년 전까지 거슬러 왔습니다. 그 오랜 시간 동안 인류는 환경에 적응하고 극복하며 진화를 거듭해 왔습니다.

* 그림 출처 http://kids.donga.com/udata/news/200711/s2007112001b.jpg

인간의 진화

호모사피엔스사피엔스는 도구를 다루는 기술이 고도로 발달했고 의사소통은 자유로웠으며 세대를 거듭하며 기술을 전달하는 학습이 이루어졌습니다. 그 증거는 그들이 동굴에 남긴 벽화에 잘 나타납니다.

인류가 남긴 위대한 유산: 동굴벽화

그들이 그려 놓은 벽화에는 수많은 동물이 등장합니다. 그리고 동물을 사냥하는 법도 아주 자세히 묘사되어 있습니다. 이들의 문명은 세대를 거듭하며 학습되고 발달하여 현재에 이르게 됩니다. 사냥을 할 때도 무턱대고 돌멩이를 던지거나 함성을 지르지 않았습니다. 서로 역할을 분담하고 동물의 종류에 따라 사냥할 도구를 달리하며 아주 조용히 사냥을 합니다. 그리고 주변의 지형을 이용하고 주변에 있는 재료를 이용해 더욱 날카롭고 사용이 편리한 도구를 만들고 멋진 장식도 달았습니다. 추운 겨울이 와도 무더운 여름이 와도 더 이상 두려워하지 않았으며 추위와 더위를 피하는 방법을 생각했습니다. 추운 빙하기가 오기도 했지만 동굴 속에서 불을 피우고 두꺼운 가죽 옷을 입으며 견뎌 내었습니다.

인구는 점점 늘어나고 사냥은 더욱 넓은 지역에서 이루어졌습니다. 넓어진 사냥 범위에 따라 사냥 도구는 더욱 발달했고 생활이 풍족해졌으며 수명도 조금씩 늘어났습니다. 사냥 도구는 사냥하기 좋은 지역과 맛있는 열매가 많은 땅을 차지하기 위한 전쟁 도구로 변하기도 했습니다. 전쟁으로 인해 영토는 더욱 넓어지고 인구는 기하급수적으로 늘어났습니다. 법과 종교가 필요하게 되었고 지도자가 있어야만 한 사회가 이루어졌습니다. 의식주에 필요한 기술은 날로 발전히여 도구가 발명되고 농사를 짓기 시작했으며 문자와 숫자도 만들었습니다. 더 많은 것을 얻기 위해 식민지를 만들고 더 많은 사람을 통제하기 위해 종교는 더욱 강력해졌습니다. 직업의 종류도 많아지고, 기술의 발달로 인간의 노동 시간은 줄었고 수명도 늘어났습니다. 우리는 호모사피엔스사피엔스입니다.

나는 누구인가?
(Who am I?)

"나는 호모 사피엔스사피엔스입니다."

나는 슈테판클라인이 말한 별이 남긴 먼지로부터 시작되어 생각히고

판단하고 결정하며 지구에서
가장 영향력 있는 종이라고 자
신하는 인간입니다. 빅뱅 이후
우주의 137억 년 역사로부터
46억 년 지구의 시계의 끝에서
'째깍'거리며 삶을 이어가고 있
습니다. 르메트르가 말한 어제
가 없는 오늘을(The Day without

생명의 진화[120]

---

120) https://s-media-cache-ak0.pinimg.com/736x/00/d7/52/00d7528b33a6e9a3f8da774bab80b
    e8d.jpg

yesterday) 살아기고 있습니다.

뜨거운 원시 스프에서 탄생한 박테리아를 시작으로 약 38억 년의 시간이 흘렀습니다. 우리는 오늘에 서서 우리의 과거를 되돌아봅니다. 박테리아라는 아주 단순한 구조의 생명체가 다윈이 만들어 놓은 진화의 시계를 돌리며 핵을 만들어 진핵세포가 되었습니다. 그 세포들이 결합하여 최초의 동물과 식물을 이루고 그것들은 바다에서 단순한 형태로 살았습니다. 그러던 것이 뼈와 턱을 갖추어 먹이 사슬을 만들고 치열한 경쟁을 통해 더욱 복잡한 방향으로 진화했습니다. 바다에서만 살던 생명들이 땅 위로 위대한 도전의 발걸음을 내디뎠습니다. 양서류, 파충류, 포유류를 거쳐 나무에서 맴돌다 땅에 발을 디디는 감동의 순간이었지요.

감동의 순간도 잠시 어제가 없는 오늘을 살기 위해 우리는 또 다시 먼 길 떠나야 했습니다. 일어서서 걷고 뛰고 도구를 만들고 불을 만들어, 주어진 환경에 적응하기도 하고 때로는 극복하기도 했으며 결국 우리는 환경을 만들 수 있는 위치까지 오게 되었습니다.

빅뱅도 한 점에서 시작되었듯이 생명도 한 개의 작은 박테리아 세포에서 시작되었습니다. 지금도 아주 많은 생명들이 우리 주위를 가득 채우고 있습니다. 그것이 사람이라고 하여 위대하고, 눈에 보이지 않은 미생물이라 하여 소중하지 않다는 인식은 인간을 중심에 둔 생각의 결과입니다.

'나는 누구인가?'에 대한 정확한 답은 '나'라는 중심에서 벗어나 생각하면 찾을 수 있을 것입니다. 어쩌면 이 물음에 대한 답은 '우리'일지도 모릅니다. 우리라는 답은 지구 안에 있는 모든 생명체가 나와 다르지 않다는 생각의 시작점이기도 합니다. 더 나아가 이 '우리'라는 답안에 외계의 생명체도 포함될 수 있을 지도 모를 일입니다.

우주가 우연히 만들어졌듯이 생명도 이 우연에서 도망칠 수 없습니다. 우연히 만들어진 우주에서 우연히 만들어진 박테리아로부터 시작된 '나'에게 또 어떤 좋은 우연을 만나게 될지 아니면 좋지 않은 우연을 만나게 될지는 예측할 수 없습니다. 그 우연이 이루어지는 시각 또한 알 수 없습니다.

단지 나에게 가장 확실한 것은 지금 현재의 시각입니다. 지금의 순간만이 오로지 확실한 시간이며 가장 소중한 시간입니다. 우리가 내가 누구인가를 알아야 하는 이유 또한 지금 현재 이 순간을 더욱 분명하게 인식하기 위함입니다. 현재의 나를 선명하게 인식할 때 내가 하는 모든 일에 의미가 부여되는 것이기 때문입니다.

우리가 과학을 이해하고 알아야 하는 목적도 이와 다르지 않습니다. 모르고 살아가는 것보다 알고 살아갈 때 나의 주변을 둘러싸고 있는 것이 의미 있기 때문입니다. "Who am I?"라고 누가 물으면 여러분은 무엇이라고 말할 것입니까? 이 물음에 대한 정답은 아마도 없을 것입니다. 앞에서 말한 호모사피엔스사피엔스라는 답은 수많은 답 중에서 가장 높은 수준이라는 것은 이미 알고 있겠죠?

"Who am I?"에 대한 정답은 이제 여러분들의 몫입니다.